国际财经媒体发展研究

杭敏 著

中国财经出版传媒集团
中国财政经济出版社

图书在版编目（CIP）数据

国际财经媒体发展研究/杭敏著．—北京：中国财政经济出版社，2016.5
ISBN 978 - 7 - 5095 - 6597 - 1

Ⅰ.①国…　Ⅱ.①杭…　Ⅲ.①经济 - 传播媒介 - 发展 - 研究 - 世界
Ⅳ.①G219.1

中国版本图书馆 CIP 数据核字（2015）第 318445 号

责任编辑：李　磊　　　　责任校对：李　丽

中国财政经济出版社 出版
URL：http：//ckfz.cfeph.cn
E - mail：ckfz@cfeph.cn

社址：北京市海淀区阜成路甲 28 号　邮政编码：100142
营销中心电话：010 - 88190406
天猫网店：中国财政经济出版社旗舰店
网址：https：//zgczjjcbs.tmall.com
北京京华虎彩印刷有限公司印刷　各地新华书店经销
710 × 1000 毫米　16 开　13.25 印张　192 000 字
2016 年 7 月第 1 版　2016 年 7 月北京第 1 次印刷
定价：39.00 元
ISBN 978 - 7 - 5095 - 6597 - 1/G · 0161
（图书出现印装问题，本社负责调换）
质量投诉电话：010 - 88190744
打击盗版举报热线：010 - 88190492，QQ：634579818

前　　言

与财经新闻与财经媒体结缘是在我加入清华之后，之前我所关注的领域一直是媒介经济与传媒管理，而研究与教学也大多聚焦在管理与产业的议题中，未曾想到，在清华的教学为我打开了一条探索财经新闻与财经媒体的新路径。

2007 年，清华大学开设了中国大陆第一个全英文财经新闻项目“全球财经新闻（Global Business Journalism，GBJ）”，这恰逢我结束在欧洲的工作学习回到清华之时。我执教的第一批课程中即包括了 GBJ 的经济管理核心课，我负责为财经新闻方向的学生讲授财经报道中的经济金融学原理。由此，我开始关注与研究财经新闻与经济报道，并考察与追踪财经报道的国际趋势。2009 年以后，作为清华财经新闻项目的负责人，我更多地参与到 GBJ 的组织协调工作中，与项目的产业协作方彭博新闻社，以及金融时报、财经、财新等中外财经媒体有了更多的接触与了解。2014 年，我挂职人民日报社经济社会部，这些都让我对财经新闻报道和财经媒体的发展有了更多观察、积累与思考的机会。

2015 年春，在清华大学五道口金融学院的金融媒体项目中，我为学员讲授了国际财经新闻报道与财经媒体发展的趋势。这其中，谈到很多财经新闻报道中的新趋势，比如：“数据可视化技术”、“沉浸式多媒体报道技术”与“媒介融合技术”等，也涉及国际媒体在探索新的商业模式中突破性尝试，例如：“众包新闻”、“社交媒体细分商业模式”等。不少学界业界专家都谈到，这些对于财经新闻报道趋势与财经媒体发展的探讨正当其时，很多信息可以为中国媒体的发展与财经报道中的探索提供启示。受此推动，我以财经新闻报道的国际趋势与财经媒体发展创新为基础，进行了更多的资料收集、案例整理与研究分析工作。

在本书的撰写过程中，我的工作首先得到了中国财经报社陈清清副总编的支持，清清引荐了中国财政经济出版社徐洁社长作为本书的出版方。感谢徐总为本书的出版提供了高效的组织与安排。非常感谢我的研究生陈玮玥、胡雨濛、周泉、冯洛苏和江艾欣，这些可爱的孩子们为本书做了很多整理与汇编工作。还要感谢本书的编辑李磊先生，李先生为书的编辑、设计与推广提供了专业的支持；更感谢他的耐心，书稿几度修改，而李先生一直敬业而尽心。

本书是对财经新闻报道的内容与技术，以及财经媒体组织运营创新的初步研究探讨，希望将本书献给为推动财经新闻报道专业化、国际化以及媒体发展创新而不竭努力的媒体与专业人士，他们富饶的产业实践始终是我们研究的沃土和探索的源泉。

杭敏

于清华园

目　录

第六部分　财经媒体未来发展

引 言

写给变革中的新闻传媒业

变化中的新闻业：这究竟是最好的时代，还是最坏的时代？

信息技术的更新和社会经济的发展使人们获取资讯、生产内容和传播信息的方式都发生了根本性的变革。变化无处不在，颠覆随处可见，传统的新闻业正面临着前所未有的挑战。

挑战首先来自于新闻从业人员本身。2015 年度普利策新闻奖获奖名单公布后，人们注意到，《每日风》（Daily Breeze）这份属于洛杉矶新闻报业集团，发行量仅为6.3 万份的加州托兰斯市地方报纸喜获大奖。然而，人们也赫然发现，罗布·库兹尼亚（Rob Kuznia），这位让《每日风》第一次获得普利策奖的资深记者，却已在当年初（2015 年）因为收入微薄付不起房租而转行从事公共工作。这是这个时代正发生在无数媒体人身上的故事——这是一个新闻人的荣耀时刻，也是新闻人的尴尬时刻。

普利策记者转行当公关？

当今年初 Daily Breeze 赢得了某个新闻奖之际，有人提醒他们的员工观看颁奖仪式，于是他们方才聚集在一起用甜甜圈表示了庆祝。然而今早普利策奖被宣布时，情形有所不同。主编 Toni Sciacqua 说，员工们并没有收到提示，没有人对他们的成功抱以厚望；她还说，他们其实也不想显得过于乐观，所以只是在个人电脑上悄悄收看获奖公告。

当记者 Sciacqua 得知他们的报道赢得 2015 年普利策奖的本地报道奖时，她正坐在编辑部旁的办公室里，她听到编辑 Frank Suraci 一声尖叫，大喊："我的上帝，你是在跟我开玩笑么?"那尖叫就像他们的获奖感言一般。

小报纸，大文章

Sciacqua 说："我们都很惊讶，但是心花怒放。"

这是 Daily Breeze 获得的第一个普利策奖。Daily Breeze 是一家在加州托兰斯市发行量达 6.3 万份的报纸，从属于洛杉矶新闻报业集团。这份规模不大的报纸由前药剂师 S. D. Barkley 创办于 1894 年，它的新闻编辑部由七位报道当地城市新闻的记者组成。

虽然这是份不折不扣的小报，但在记者 Rob Kuznia 和 Rebecca Kimitch 开始深入挖掘森蒂内拉山谷联合高中学区的管理员薪酬记录后，一项大的调查开始启动了。他们的调查报道最终导致学区主管 Jose Fernandez 引咎辞职，并促使加州政府根据他们的报道而出台了防止过度福利补偿的新法律条文。

普利策奖在评语中盛赞 Daily Breeze 的贫困学区腐败调查报道，强调其为"发人深省的媒体"，虽然这只是一份小报，但在评审的最后阶段，它的竞争对手是《芝加哥论坛报》和《塔尔萨世界》这样的大媒体，Daily Breeze 一路领先，并且最终获得了胜利。

Sciacqua 说，当调查逐渐展开的时候，他们并没有意识到这将是一个普利策奖参赛作品。因为这并不是由线人的通报而展开的新闻调查，它最初源于记者 Rob Kuznia 关于教育新闻的报道。后来，记者 Rebecca Kimitch 加入了调查，挖掘出更多深度故事，而编辑 Frank Suraci 的编辑工作则使得报道最终成形。

Sciacqua 认为，Daily Breeze 获得普利策奖使人们更加关注本地新闻编辑室，并意识到其重要性。本地新闻编辑室非常重视挖掘当地的重要新闻事件，在这一点上，忽视本地新闻编辑室就容易导致当地重要新闻事件被忽略。“这是其他信息所无法取代的，空降到当地是不能发现重要新闻事件的，你必须要深入到社会内部。”

记者为生活所迫做公关！

然而，就在 Daily Breeze 编辑部庆祝他们胜利的同时，传媒博客上也爆出了他们其中最先开展调查的记者已经转行成了一名公关人员的新闻。

Rob Kuznia 是 Daily Breeze 最初在森蒂内拉山谷联合高中学区展开对管理员薪酬记录深入调查的记者。然而，根据《洛杉矶观察》的报道，这位曾经全身心采写关于教育问题调查新闻报道的记者 Kuznia，现在已经完全离开了新闻行业，转向从事公关工作。

人们不得不重视这样的事实：Kuznia 是一位有着 15 年媒体工作经验的资深记者，他曾经获得过加州报业联盟颁发的本地政府报道大奖，但 Kuznia 最终离开了 Daily Breeze 和新闻业。在普利策新闻奖名单公布出来之后，有记者采访了 Kuznia，他承认不再身为记者的心痛和懊悔，但他也说在报纸媒体从业实在太难维持生计，以致他甚至无法支付在洛杉矶地区的房租。

所以，如今的新闻时代的特点是，一方面地方报纸在四处寻觅胜任的记者，另一方面，由于待遇微薄，媒体也在迅速流失人才。如果说，有一天我们发现街边一位为生活艰难奔波的人竟然是遗失在民间的普利策奖得主的话，这恐怕并不是一则笑话。

那么，这究竟是新闻业最好的时代，还是最坏的时代？①

这则报道成为新一届普利策奖名单颁布之后带给人们的最大震撼之一，而新闻传媒从业人士所面临的挑战也再一次引发了人们的关注。在近期美国对新闻记者职业满意度的一项调查数据显示：在二十世纪七十年代传媒发展的上升期，职业记者满意度达到 49%，将近一半的记者对职业状况表示满意；然而职业满意度随着时间的推移不断下降，到 1992 年，记者职业满意度

① 报道来源：media. souhu. com 编译

降到27.3%。20年之后，到2013年，记者的职业满意度已经下降到23.3%，仅有不到四分之一的新闻从业人员对职业状况表示满意。

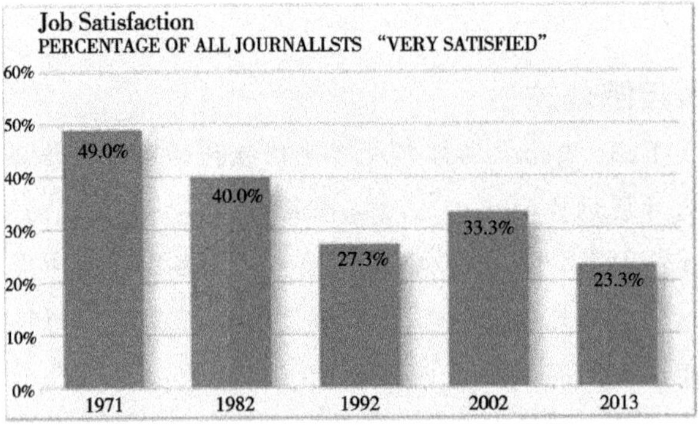

美国新闻记者职业满意度调查①

然而，最值得忧虑的还不仅限于此，人们对职业满意度的评价仅代表对过去和目前行业状况的评判——而对未来的期许和信心是关乎行业发展前景的最重要的指征。在对新闻职业方向是否正确的评测中，仅有**23.1%**的从业人员认为方向正确，**17.2%**的人员认为未来方向不明确，而将近六成（**59.7%**）的新闻记者直接指出新闻发展的未来方向是错误的。

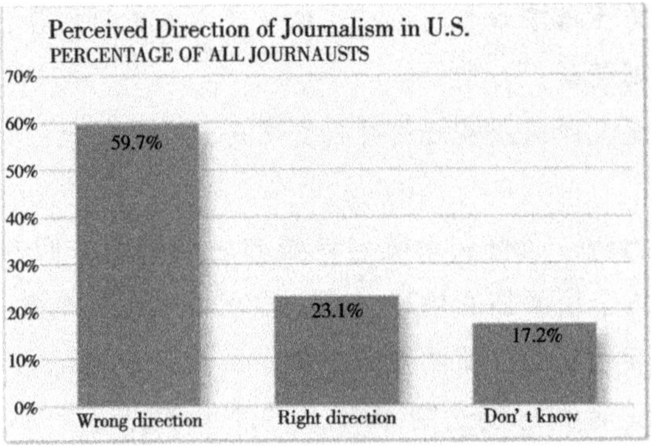

美国新闻记者行业未来信心调查②

①② 数据来源：美国印第安纳大学2014年全美新闻记者调查。

这样的结果令人忧心，但是新闻记者对本身职业状况和未来发展的评价确实是这一行业发展所面临的严峻挑战的真实写照。即使将新闻业与最为相关的公关传播业就业机会和收入状况进行比较，我们也能发现巨大的差距。

在2004年，全美新闻行业的就业职数为52,550，公关传播行业的就业职数为166,210，两者就业比例为1∶3.2。到2013年，全美新闻行业的就业职数下降到43,630，而公关业就业职数上升为202,530，两者就业比例差距增加到1∶4.6。除就业机会之外，收入差距也在增加：2004年，新闻记者的收入为公关业收入的71%，而十年之后，新闻记者的收入降为公关业收入的65%。

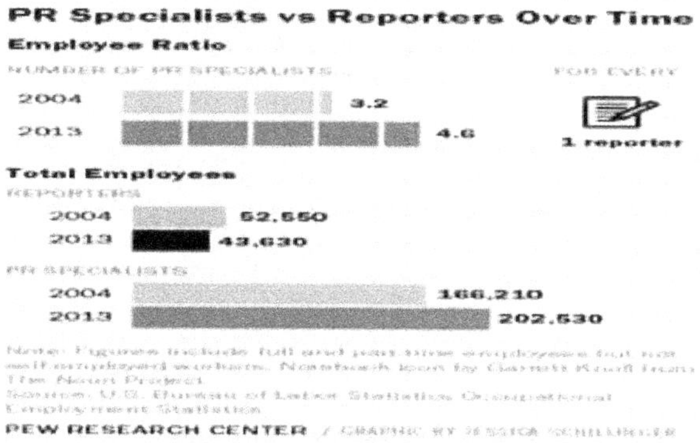

美国新闻记者与公关传播就业职数对比①

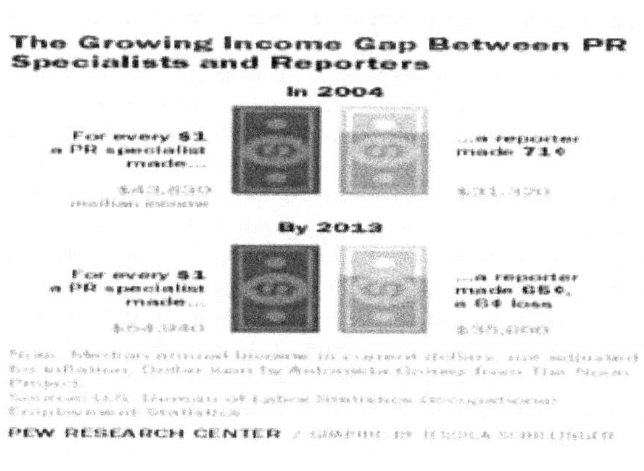

美国新闻记者与公关传播收入情况对比②

①② 数据来源：美国印第安纳大学2014年全美新闻记者调查。

美剧《新闻编辑室》是近年受人欢迎的以新闻人为素材的电视剧，其中的男主角杰夫·丹尼尔斯喜获2015年艾美奖。这部广受欢迎的电视剧塑造了职业理想建构中的新闻人形象：担当、责任、锐气，以及铁肩担道义的情怀。然而，从种种数据趋势中，我们却看到现实中的新闻业在变革的时代遭遇了巨大的挑战，这其中有传统新闻行业转型所带来的威胁，也有新闻从业者自身职业拓展与发展中所遭遇的困境。

那么，出路在哪里？

这究竟是一个最坏的时代，还是一个最好的时代？

以上种种思考，使这个时代中对于新闻传媒业本身的认识、变化的趋势以及未来方向的认识显得尤为重要。本书即致力于进行与这些议题相关的探讨。

本书期望从宏观新闻业发展的视角和微观新闻报道与组织方式变化的视角来勾勒这一时代新闻传播业发展的特点与状况，并分析未来转型的趋势。书中以国际媒体的财经专业化发展作为专门探讨的切入点，通过介绍财经专业类媒体的组织管理和内容报道模式以及变化发展，来提供新闻传媒转型与探索中的启示。

本书将分六部分十三章节来进行介绍。第一部分对国际传媒的总体发展状况进行陈述。第二部分进入国际传媒财经专业化议题，对国际财经媒体进行分类介绍，并对其发展状况展开评述。第三部分介绍国际媒体报道趋势，结合财经媒体内容报道，从数据驱动的新闻报道、沉浸式多媒体融合报道、图像视频融合报道和深度报道与多元分析等方面进行阐释。第四部分介绍国际媒体转型与变革，从新媒体的成功案例和传统媒体改革两方面来讨论传媒发展。第五部分介绍新兴商业模式，包括会议经济、众筹模式、专业化发展和社交媒体平台等内容。本书的最后一部分是对财经媒体未来发展机遇与传媒转型趋势进行探讨。

希望本书为变革中的新闻传媒业贡献正当其时的思考。

第一部分
国际媒体发展

第一章　全球传媒产业发展概况

在一个变革的时代，尽管传统新闻行业面临着巨大的挑战，但传媒产业的总体发展态势仍然为我们注入了对未来的期许与信心。

根据普华永道（PwC）① 对全球传媒娱乐产业的研究统计，在全球经济日渐复苏的背景下，传媒产业的总体发展呈现出增长的趋势。PwC 基于北美、欧洲、拉美和亚太地区五十四个代表性国家与地区的传媒消费和广告数据，对图书、杂志、报纸、出版、广播电视和新媒体等十三个传媒部门的收益状况进行了长期追踪与分析。近期数据显示，未来几年中全球传媒产业总体收益将持续增长，其中数字媒体的发展状况优于传统媒体，而传统媒体受益于数字化转型，总收入也将逐步回升；内容消费所产生的收入占比不断下降，广告收入稳定中有升，以互联网接入为主体的接入费用占比不断提高，传媒产业在新兴市场国家的发展速度将超过成熟市场。

一、全球传媒产业发展综述

1. 总体格局不变

普华永道近期发布的数据表明，目前全球传媒产业的总体格局未发生根本性变化：非数字媒体仍然是全球传媒产业收入的最大来源，电视仍为最主要的广告媒介，而美国始终保持全球最大娱乐及传媒产业市场的地位。同时，数字媒体的不断发展将在不久的将来对传媒产业的格局变化产生更为深远的

① 资料来源：普华永道《2015～2019 年全球娱乐及传媒业展望》报告，http：//www. pwc. com.

影响。

2. 总收入持续增长、数字化转型明显

全球传媒产业的总收入呈持续增长态势，数字化不断推动媒体发展变化，各国各行业的传媒收入增长受到数字化的拉动也更为明显。数字广告收入占广告总收入的比例将在未来几年中不断攀升，全球传媒产业消费和广告收入增长中将近六成将来源于数字化媒介。同时，全球娱乐及媒体行业的收入将在未来五年里实现5.1%的年均复合增长，到2019年有望达到2. 23万亿美元（约合13.83万亿元人民币）的总营收。

然而，对于传统媒体的数字化转型来说，最大的挑战在于数字消费的货币转化问题。尽管消费者越来越多地使用数字化内容，数字媒体的消费收入（互联网接入除外）占总收入的比例仍然有限。这主要是因为数字媒体所提供的内容以免费为主，并因其媒介本身开放、便捷和快速的特质更易于实现内容的再度传播。因此，除鼓励消费者的数字化行为外，建立付费墙等制度和提高数字消费的货币转化比例等也是传统媒体未来转型工作的重点。

3. 互联网接入，尤其是移动互联网接入持续拉动收入增长

与内容消费相比，传媒收入增长更多地受到接入费用尤其是互联网接入费用的驱动。互联网接入所占的全球娱乐传媒收入比将在未来几年中增至三成，而消费收入占比将会减少到四成以下。随着智能手机、平板电脑和其他移动设备的普及以及3G、4G，乃至5G网络的建设，移动互联网接入占互联网收入的比例也快速提升，这为传统的互联网发展模式带来了新的机遇和挑战。

二、传统媒体数字化转型与发展

在全球传媒产业中，传统媒体受数字化转型影响巨大，其中，报纸、杂志和图书出版业正以更大规模向网络订阅和移动终端迁移，而广播电视产业的数字化平台建设也成为广电媒体发展的重点。

1. 报业数字化转型加速，发行量下滑仍是主要挑战

报纸产业作为最具代表性的传统平面媒体，数字化转型的步伐不断加快。“数字第一”近年来已经成为报纸产业的思维常态。之前报纸的电子版面主要根据其印刷版面制作而成；而随着改版创新的深化，电子版面越来越脱离于纸质版面，其标题和内容制作等也更加适应于互动的数字媒介；与此同时还出现了更多适合移动终端阅读的电子报纸内容。

从 2012 年开始，由于在发达地区市场的报纸出版改革，全球的报业发行量出现了微增长。据 PwC 数据预测，在 2015 ~ 2019 年间，日报的平均发行量将实现 1.0% 的复合年均增长率，从约 5.53 亿增至 5.81 亿美元；但是由于新媒体市场中优质付费产品和低端免费产品的涌现与替代，印刷报纸的发行收入增长率则持续下滑。（如图 1－1 所示）

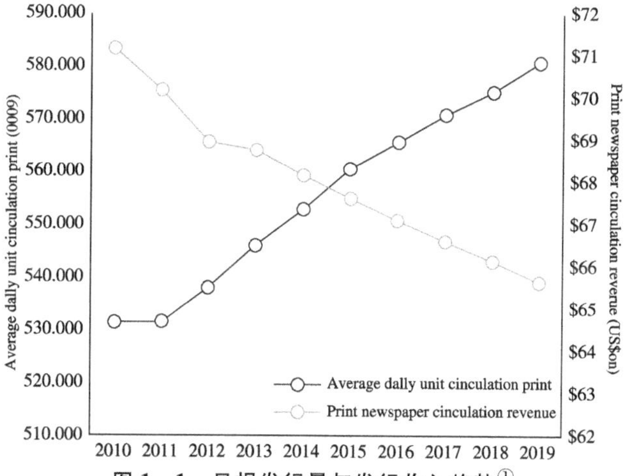

图 1－1　日报发行量与发行收入趋势[①]

移动互联网的快速覆盖与迅猛发展也增加了报业在受众市场中的竞争压

① 图 1－1 来源：普华永道 http：//www.pwc.com

力。国际电信联盟数据显示①，到2017年，世界上超过一半的人口将成为移动互联网订阅者。仅以智能手机为例，其普及率在2019年将达到56%。土耳其和印度尼西亚将成为为数不多的印刷主导报业的市场，而在英美等发达国家和地区，报业如何在纷杂繁多的移动终端读物市场中获得竞争优势和经济价值则成为了新的议题与挑战。报纸向移动终端迁徙也对报业的广告收入带来了冲击，未来几年中，报纸的发行收入将与广告收入逐渐分庭抗礼，至2019年，广告收入将减少到报业整体收入的50.7%。(如图1-2所示)

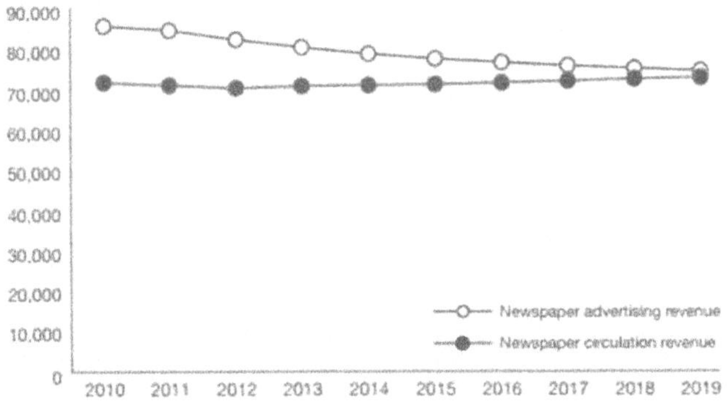

图1-2　逐渐接近的报纸发行收入与广告收入②

为了应对印刷报纸业务收入增长与利润下滑的趋势，在美国和欧洲等西方成熟市场，一些大型传媒集团（如默多克执掌的新闻集团）逐渐将报纸业务从其他广播、电视业务和新媒体业务中剥离出来，成立以印刷业为主体的公司，进行单独核算，以此来确保股东的整体利益不受影响。

报业发展的困境也影响了平面媒体从业人员的信心。根据美国新闻编辑协会（ASNE，American Society of News Editors）2015年的统计，从2000年以来，美国报业编辑室的员工数量一直不断地下降；在2008年和2012年分别下降11%和6%之后，2013年新闻编辑室的从业人员数量又继续下滑3%，

① 资料来源：国际电信联盟 http：//www. itu. int

② 图1-2来源：普华永道 http：//www. pwc. com

而2014年更是下降了10.4%。[1]

2. 数字化带来传统图书、杂志出版的新发展

相较于平面报纸媒体，图书出版业在数字化转型中所面临的机遇更多于挑战。由于数字图书正在逐渐取代传统图书，改变着人们的阅读体验和习惯，图书出版商也加快了电子出版的战略进程。全球图书消费收入在持续数年下降后，于2013年开始回升，其主要原因即数字出版带来的收益开始超过传统出版遭受的损失。预计未来几年全球图书消费收入的年复合增长率将达到0.9%，而全球图书出版的总收入预计在2019年达到1283.4亿美元。（如图1-3所示）

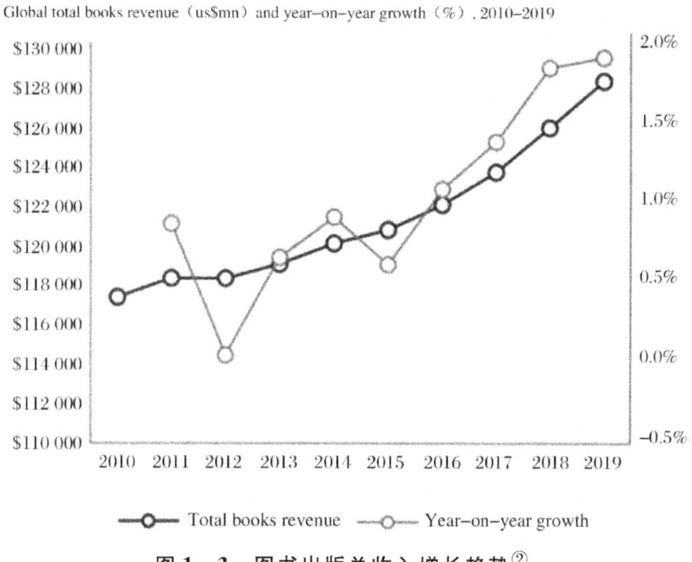

图1-3　图书出版总收入增长趋势[2]

由于媒介使用方式的变化，更多读者选择使用平板电脑阅读。平板电脑设备本身的便携性使得读者能够随时随地获取海量的图书资源，其发展与渗

① 资料来源：ASNE. American Society of News Editors. http：//asne. org/content. asp

② 图1-3来源：普华永道 www. pwc. com

透成为全球消费类、教育类与专业类图书收入增长的关键。在美国、英国、韩国和新加坡这些平板设备高度普及的国家，电子类书收入占图书部门总收入的份额即将超越40%。同时，出版商也进一步增加辅助性的视频、音乐和游戏内容来吸引读者，促进电子读物的发展。在消费类电子读物增长的同时，教育类电子读物增速放缓，而专业类电子读物发展趋势向好，其数字化转型最为迅速，因此专业类电子图书在数字图书收入中将占据最大份额。

3. 广播业受到流媒体音乐冲击，总收入增速下滑

在全球市场上，美国依旧是广播业的巨头，而未来几年中，一些其他国家的广播市场增速也会逐渐提高，虽然无法撼动美国的领先地位，但是也成为了市场亮点。在这其中，中国、加拿大和德国的广播广告收入增长尤其明显，为全球广播市场发展注入了动力，如图1－4所示。

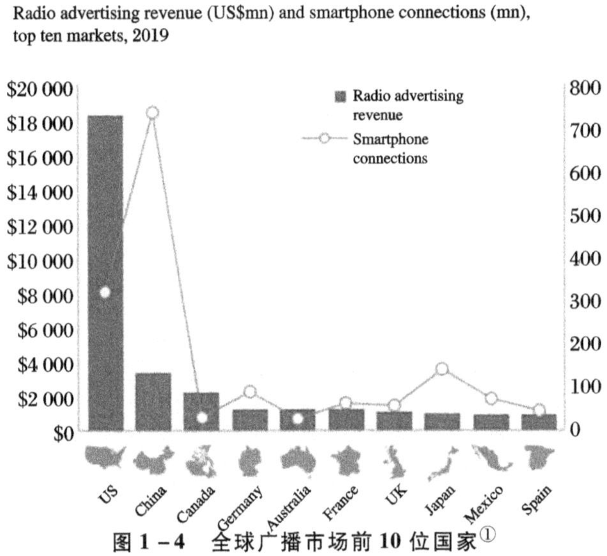

图1－4　全球广播市场前10位国家[①]

广播产业在未来几年中将会继续保持增长，但是由于受到数字流媒体音

① 图1－4来源：普华永道 http：//www. pwc. com

乐的冲击，总体发展压力增大，总收入增速下滑。同时，数字广播的发展和创新也面临巨大挑战。虽然模拟技术是广播业发展的未来趋势，但在流媒体应用发展迅猛的情况下，数字音乐的前景并不乐观。再者，由于私家车的普及，车内互动音乐面板将冲击传统卫星广播这一领域的核心部分，使得流媒体音乐的应用程序得以广泛使用，由此对广播的发展带来威胁。

在北美等成熟市场，得益于科技的发展进步，拥有智能手机和便携式移动终端的受众越来越多，基于音频形态的媒体传播也愈发繁荣。皮尤研究中心提供的数据显示，2015 年，已经有 17% 的 12 岁以上的居民是播客的稳定听众，这一数字是 2008 年的近两倍；而截至 2015 年，已有 33% 的居民表示，他们至少听过一次播客广播。[①]

以 12 岁以上的美国居民作为统计样本，2015 年网络广播听众的比例上升到了 53%，比 2010 年增长近一倍。（如图 1－5 所示）通过智能手机收听广播的受众占到了 73%，而通过电脑页面收听的听众超过了 60%。在汽车内听广播也成为大众的生活习惯之一。截至 2015 年上半年，35% 的智能手机用户在汽车里收听过在线广播，这个数字相比 2013 年增长了 21%，是 2010 年的近六倍之多。（如图 1－5 所示）

在公共广播领域，听众人数也在不断增加。美国国家公共广播（National Public Radio，NPR）的内部数据报告显示，2014 年 NPR 的播客下载量同比增长 51%，其中通过移动客户端下载的数量显著增加，而源自电脑网页的下载量则呈持续下降趋势。播客的包销（underwriting）也为 NPR 带来了新的收入来源，并且呈现增长态势。在 2015 年前五个月之内，NPR 播客包销的收入已经超过 2014 全年。

4. 电视新闻产业收入上升，成熟市场电视媒体保持受众优势

对于全球电视市场来说，电视新闻产业的收入整体上升，而成熟市场的电视媒体仍然保持受众优势。根据 PwC 预测，全球电视广告收入将以 4.1% 的复合年均增长率增长，在 2019 年达到 2040.7 亿美元。具体来看，全球多

---

① 资料来源：Edison Research，http：//www.edisonresearch.com

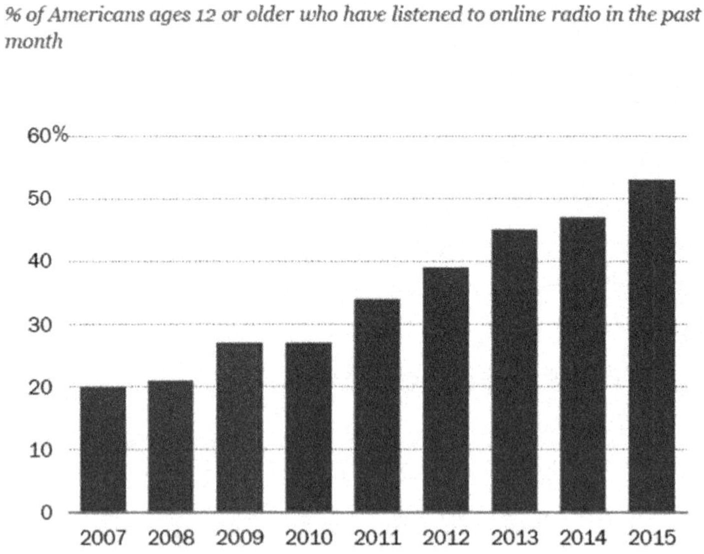

图 1－5　网络广播听众规模不断增加①

通道电视广告收入的复合年均增长率将达到 5.1%，高于 2.8% 的地面电视广告复合年均增长率，而网络电视广告收入的复合年均增长率可达到 19.8%。

同时，付费电视市场总体发展态势良好，全球数字有线电视付费用户的数量有望在 2018 年达到 4.55 亿。而在传媒成熟市场，虽然有线电视新闻媒体的收视受众呈现下滑的趋势，但电视收入则有所提升，毛利率甚至能达到两位数。

在美国，福克斯新闻、CNN 和 MSNBC 三家有线电视新闻媒体巨头在黄金时段的收视一直保持领先地位。随着网络应用的普及与渗透，网络电视新闻媒体受众增长迅速。以 NBC、CBS 与 ABC 为代表，网络电视新闻媒体的受众数量整体呈上升态势，晚间网络电视新闻收视近两年连续出现增长，电视媒体在网络空间依旧具备较强大的话语权。②

① 资料来源：美国国家公共广播（National Public Radio，NPR），www.npr.com

② 资料来源：Nielsen Media Research，2015

三、传媒产业发展的区域性特征

从区域特征来看，全球传媒产业发展与经济发展密切关联，欧美市场受益于良好的经济发展和网络基础设施状况，在诸多传统领域呈现出新的活力；而新兴市场国家也在传媒发展中释放出后发优势，体现出新的传媒版图亮点。

1. 新兴市场的图书杂志发展趋势良好

新兴市场的图书和杂志出版发展潜力增大。新兴经济体在发展过程中，对经济和贸易的要求不断提高，对外发展的需求越来越多，因此对经贸类杂志的需求量越来越大。在新兴经济体中，贸易杂志的增长速度最快，如中国、印度、俄罗斯、南非，以及土耳其、匈牙利、秘鲁、委内瑞拉和阿根廷等国家贸易杂志收入的年复合增长率均超过5%。

2. 广播电视业产业发展的区域差距仍然很大

美国仍然牢牢占据广播电视产业大国的地位。预计到2018年，美国的广播电视产业收入占据全球广播业收入的比例仍然高达44%，德国位居第二，所占比例为9%；而中国的广播业总收入将比2013年翻一番，但即使到2018年，中国的广播电视收入占全球广播电视收入的比例也仅为6%。因此，广播电视业发展的区域差距仍然很大。

3. 报业发展的区域性特征越来越明显

报纸产业收入下滑的趋势在一部分国家得到缓解，发展中国家的报纸收入的增长在一定程度上开始抵消成熟市场的报业收入的下降。到2018年，报纸产业年复合增长率总体将保持在0.1%，而亚太市场的年复合增长率为3.4%。尤其是在中国和印度，报纸产业的年复合增长率可以达到8.3%和7.5%。[①]

---

① 资料来源：http：//www.pwc.com

4. 全球数字鸿沟扩大

然而，数据也显示，虽然新兴市场和发展中国家的娱乐与传媒产业呈现出迅速发展的态势，从全球范围看，数字鸿沟非但没有缩小，反而呈现出不断扩大的趋势。根据世界经济论坛发布的《2015 年全球信息技术报告》，新兴市场在数字化技术方面与成熟市场相比还是存在较大的差距。报告通过“网络就绪指数”（NRI）对“全球 148 个经济体在利用信息技术推动经济增长和改善民生方面的成就”进行评估，结果显示，很多“大型新兴经济体”在数字化方面的发展仍然有很长的道路要走。而且，新兴和发展中国家与发达经济体之间弥合数字鸿沟的进展不利，中国、巴西、印度等很多新兴大经济体的 NRI 排名有所下降。①

四、全球传媒产业总体特征及趋势分析

根据全球传媒产业的整体数据与趋势判断，总体来看，传媒发展呈现出数字化、数据化和平台化的特征。

1. 数字化

全球传媒产业发展进一步呈现出数字化驱动的特征。一方面数字化对传统媒体的发展带来巨大的冲击，使传统媒体的发行订阅收入不断下降，促使其进行数字化转型；另一方面，数字化也开拓了新闻生产和内容传播的网络平台，一定程度地弥补了传统媒体收入下降造成的损失。数字化正在更加广泛地影响着新旧媒体的发展，深刻地改变着行业的发展方向和未来的工作重心。

2. 数据化

对大数据的持续关注以及数据技术的持续发展不断影响着传媒产业的变

---

① 资料来源：世界经济论坛《2015 年全球信息技术报告》

革。这表现在新闻内容生产中的数据分析应用，也表现在影响媒介的广告投放选择方面。由于数据技术的发展，理性选择广告平台和定点投放广告成为必然。例如，Facebook 利用多屏互动的特点，分析在 Facebook 上活跃的用户数量、每天分享的状态条数以及某种特定品牌的广告平均每天的点击率等，发展短视频广告，大大增加了 Facebook 对广告商的吸引力。这些数据的计算和发布，使广告商得以通过受众收视率和有效性分析来了解用户情况、投放广告和进行定点节目推送。

3. 平台化

社交媒体在发展过程中，不再仅仅作为信息交换的媒介出现，而是逐渐演变成为一种综合性的信息交换平台，甚至是营销平台。根据美国研究机构 BIA/Kelsey 的预测，2019 年美国社交平台原生广告支出将达到 184 亿美元，与 2014 年的 54 亿美元相比，增长率高达 240.7%。从数据来看，2015 年 Facebook 上的广告中超过一半是平台化的原生广告，即信息流广告。这些广告通过社交媒体平台传播，互动性强，对受众产生了潜移默化的影响①。

4. 移动支付

低价的智能手机和平板电脑的普及，以及近地无线通讯技术的发展，也推动了移动支付的发展。从苹果推出了 Apple Pay 以后，移动支付虽然经历了一段不温不火的发展阶段，但是在 4G，乃至 5G 网络发展的背景下，已经成为一种趋势。继 Apple Pay 之后，三星也推出了 Samsung Pay，除了使用近地无线通讯技术外，还可以支持兼容磁条卡刷卡机等应用，4G 为支付提供了极大的便利，也为在线贸易提供了更多的选择。②

5. 移动互联网

移动互联网的发展对互联网接入方式产生了重要影响，带来互联网接入

---

① 资料来源：BIA/Kelsey. http://www.biakelsey.com

② 资料来源：http://wireless.iresearch.cn/owireless

收入的增长，移动互联网慢慢逼近固定互联网收入，对传统接入方式形成挑战。3G技术发展方兴未艾之际，4G技术已经成为冉冉上升的新星，同时，5G网络也开始进入人们的视野。5G网络被视作未来物联网的基础，据市场调研机构Gartner预测，到2020年，可联网的设备数量将从2015年的50亿个增长至250亿个，翻近四番。5G网络大大增加了数据传输速度，其下载速度可达10GB/s，同时，也可以大幅缩短数据开始传输前的等待时间，为未来信息时代的媒介传播提供了崭新的模式。

6. 传媒发展专业化趋势

在一系列技术和市场因素驱动的变化之外，全球传媒产业发展还呈现出明显的专业化趋势。在图书出版业中，专业类电子图书在数字图书收入中占据了最大份额。在新闻类媒体中，经济信息传播的重要性日益加强，财经资讯所占的比重日益增加，经济类内容成为广播电视媒体、平面印刷媒体和新兴网络媒体的业务快速增长点。以杂志出版为例，金融财经类杂志年复合增长率达到5%以上，而在以中国为代表的新兴经济体中，财经专业媒体的增长速度接近8%，如图1－6所示。

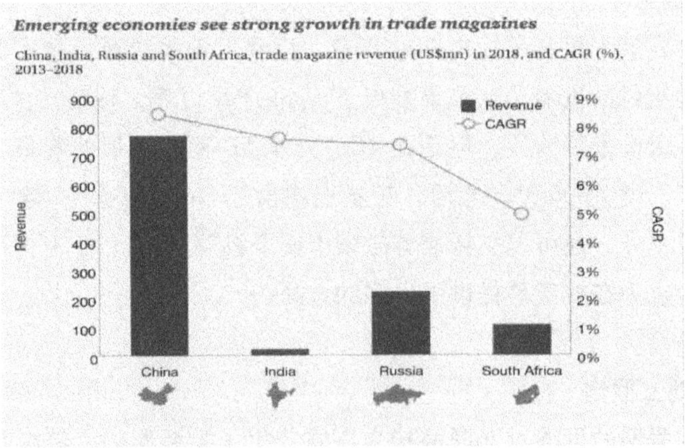

图1－6 财经媒体专业化趋势[①]

① 图1－6来源：普华永道 http：//www. pwc. com

传媒专业化的趋势使财经类媒体获得了前所未有的发展契机。国际经济的变化和各国市场不断成长也为财经类专业媒体提供了富饶的信息与素材资源，同时技术的发展更使专业财经信息的传播方式获得了改变，创新无处不在，新的传播方式使人们的使用体验不断提升。

基于以上背景，本书将从传媒国际发展的总体面出发，聚焦财经专业媒体的发展，重点介绍国际财经媒体的内容生产与组织报道趋势，探讨数字化、数据化和平台化的趋势下，财经媒体的组织管理与转型创新，为国际传媒的整体发展提供启示。

第二部分

国际财经媒体概览

第二章　国际财经媒体分类

传媒专业化的趋势推动了财经媒体的发展。综合性媒体的财经报道部门、专业财经媒体、财经信息服务集团，以及细分市场中的财经新闻机构等都在传媒专业化的浪潮中不断追踪受众市场的变化、发掘专业财经信息内容生产的需求，从而形成了国际财经媒体发展的新图景。本章将提供国际财经媒体分类，从财经报道内容的角度对国际财经媒体进行分类介绍。

一、国际财经媒体

财经媒体是指专注于报道财经新闻，提供经济资讯的媒体。从广义上来说，财经新闻的报道范围覆盖所有与经济生活相关的领域，比如生产和消费、宏观与微观，以及一些与经济相关的政治议题，包括政府部门的决策、报告、活动安排、人事变动，也包括业界的动态和现象。从狭义上来看，财经新闻有其关注的侧重点，即资本市场和金融市场等专业领域，具体包括银行、保险、股票、基金、债券、期货、租赁等方面。

和所有其他类型的新闻一样，财经新闻也具有真实性、时效性和趣味性等特征；与其他新闻类别不同的是，财经新闻还具有预测性和专业性的特点。财经新闻的专业性是由其目标受众的专业性所决定的，财经新闻的目标读者大多是从事经济和金融相关工作的专业人士，他们阅读财经新闻的目的大多是为其投资决策作参考。财经新闻肩负着为目标受众呈现经济走势并提供专业财经解读的任务。因此，如何把枯燥的经济数据变成通俗易懂的财经讯息，对于财经媒体来说至关重要。

关于财经新闻的发展，Parsons（1989）曾经以图表的形式绘制了在欧洲和美国的演变历程。在十七世纪早期，商业新闻首先在欧洲主要城市蓬勃兴起，使得市价表、账单条目、汇票和海运船次安排表等经济资讯开始出现和传播。十九世纪后期，经济进一步繁荣发展，为中产阶级提供了良好的贸易条件，人们对交易程序和贸易价格等专业信息的需求也不断增大，出现了与之相关的信息服务。到二十世纪三十年代以后，随着大众媒介的发展，报纸和电视成为主要的传播媒体，财经类新闻与经济资讯也成为大众信息传播中的专业化内容。二战期间，财经新闻主要关注国家经济而较少涉及商业和金融。战后，财经新闻开始强调时代主导的经济思想，覆盖了从凯恩斯的供给学派经济学到弗里德曼的货币主义，再到经济全球化的不同议题。进入二十一世纪以来，财经新闻的内涵更加丰富，包括了从宏观经济到产业发展，再到微观组织的各种议题，涉及的报道类型也包含了政治经济报道、产业经济报道、企业经济报道和金融市场报道等不同层面。

对财经新闻和专业资讯的需求推动了国际财经媒体的发展。过去的一个多世纪以来，在全球范围内出现了很多极具影响力的财经媒体，有路透社、《华尔街日报》和《金融时报》这样历史悠久的专业财经媒体品牌，也有彭博新闻社这样的后起之秀；同时，还有很多综合性国际媒体的专业财经部门也贡献了大量专业而有深度的财经新闻报道。这些财经媒体和财经专业部门都属于本书研究和观察的对象，我们将在下文中对国际财经媒体进行分类与梳理。

二、国际财经媒体分类

不同财经媒体拥有不同的报道模式、内容侧重和呈现方式，按照其内容报道和组织结构的特点，国际财经媒体基本可分为四种类型，即：综合性媒体的财经报道部门、专业财经媒体、财经信息服务集团和细分行业的财经新闻机构。以下分别对这几类国际财经媒体进行介绍。

1. 综合性媒体的经济财经报道部门

综合性媒体通常报道内容全面，涵盖社会、经济、政治、文化等多个领域。在这类媒体中，虽然财经新闻只是其报道的一个领域，但是随着财经资讯的市场需求不断增加，财经新闻在综合性媒体报道中所占的比重也不断增大。以下列举了一些较有影响力的报道财经新闻的综合性媒体。

纽约时报

The New York Times

英文名称：The New York Times

媒体类型：日报

所属公司：纽约时报报业公司（公开上市）

创始人：亨利·贾维斯·雷蒙德；乔治·琼斯

创建年份：1851 年

公司总部：美国纽约

公司官网：www. nytimes. com

《纽约时报》(The New York Times，NYT)，或称《时报》(The Times)，是综合性媒体从事财经报道的代表之一。NYT 由亨利·贾维斯·雷蒙德和乔治·琼斯创建于 1851 年，最初名为《纽约每日时报》(The New - York Daily Times)，是一份在美国纽约出版的综合性日报，在全世界发行。由于风格古典严肃，它有时也被称为“灰色女士”(The Gray Lady)。

1996 年，纽约时报公司建立了自己的网站，提供《纽约时报》在线阅读。1999 年，纽约时报公司整合了其网络方面的业务，成立了独立核算的数字部门，负责《纽约时报》网站和其他数字化产品的业务，并设有各种类型的数据库以供读者查阅。2008 年，纽约时报的 iPhone 版和 iPod Touch 版上市，随后于 2010 年提供 iPad 版本。2012 年，纽约时报建立了中文版网站。

《纽约时报》虽是一份综合性日报，但经济报道一直是其主要内容。2013 年，《纽约时报》凭借 9 篇有关苹果“i 经济”的报道获得了解释性报道普利策奖。2014 年，《纽约时报》推出新栏目“The Upshot”，将数据财经新闻作为主打产品。该栏目成立时有 15 名团队成员，个人背景包括内容编辑、软件制作和视觉设计等不同领域。“The Upshot”针对政治经济领域进行报道，通过数据分析和可视化呈现，帮助读者洞悉复杂政经事件背后的含义。

英国广播公司

英文名称：British Broadcasting Corporation（简称 BBC）

媒体类型：广播电视公司

创始机构：几大财团共同出资，包括马可尼、英国通用电气公司等

创建年份：1922 年

公司前身：British Broadcasting Company

公司性质：公营媒体机构

公司总部：英国伦敦

公司官网：www. bbc. co. uk

英国广播公司（BBC）是英国最大的新闻广播机构，也是全球最大的新闻广播机构之一，由马可尼和英国通用电气公司等几大财团共同出资成立于 1922 年。BBC 是受英国政府财政资助的公营媒体，由一个独立于政府以外的监管委员会负责管理，并通过皇家宪章保障其独立性。

BBC 主要提供电台、电视、网络和 BBCi（即 BBC 互动）四大块服务，拥有 10 个电台频道、英国国内 8 个电视频道、全球 7 个电视频道，以及互动的数字电视和互联网，BBC World Service 每周面向全球 2. 5 亿观众提供 27 种语言的新闻播报。2006 年，BBC 中文网成立，主要报道和介绍有关英国教育、生活、娱乐、英超足球联赛、英语教学以及留学等最新信息。

BBC World News 提供财经新闻栏目，其网站上有数据新闻、世界市场、宏观经济、公司、企业家和商业科技六大频道。BBC 的财经新闻报道形式多样，在 BBC World News 频道的官网上，新闻呈现类型涉及文字、视频和广播等。在其财经新闻报道中，若涉及财经实时热点新闻则大多以文字为主；若偏向于介绍企业家或商业模式等，则主要以视频和广播形式呈现。

法国新闻社

英文名称：Agence France - Press（简称 AFP）

媒体类型：通讯社

创始人：夏尔·哈瓦斯

创建年份：1944 年

公司前身：哈瓦斯通讯社

公司性质：独立公共新闻机构

公司总部：法国巴黎

公司官网：http：//www. afp. com

法国新闻社（简称法新社）成立于 1944 年，是全球第一家通讯社，也是法国最大的通讯社，是排在美联社和路透社之后的世界第三大通讯社。法新社总部设在巴黎，在约 150 个国家设有分社，通过法语、英语、阿拉伯语、西班牙语、德语和葡萄牙语向全世界发布包括财经报道在内的信息资讯。

法新社的主要优势在于技术，其技术设施先进，拥有多架无线电发射台及多颗不同的人造卫星，同时有电传机数千台，但在经济新闻报道方面，法新社尚不及路透社、彭博社和其他新闻通讯社。

美国联合通讯社

英文名称：Associated Press（简称 AP）

媒体类型：通讯社

创始人：摩西·耶鲁·比奇

创建年份：1846 年

公司前身："港口新闻社"

公司性质：独立公共新闻机构

公司总部：美国纽约

公司官网：http：//www. ap. org

美国联合通讯社（简称美联社）是美国乃至世界最大的通讯社之一。美联社是由美国报业（1300 家报纸）和广播成员（ 3890 家电台、电视台）组成的新闻联合组织，最初稿件只供给本社成员报纸，1945 年以后开始向非成员报纸和电台供稿。美联社总部设在美国纽约，在 100 多个国家共设有 280 多个分社，通过 6 种语言发稿。

2004 年，美联社开始向北美客户提供金融报道服务，其金融新闻主要提供给对货币市场和公司感兴趣的普通读者。2008 年，美联社发布了移动客户端"AP Mobile"，截至 2015 年年底已有超过 900 万次下载。自 2014 年 7 月起，美联社与 Automated Insights 公司合作，使用该公司的 Wordsmith 平台撰写财报文章。美联社通常每季度生产约 300 则财报新闻，财经记者们需要抢在通讯社规定的时限前完稿，但在使用软件后，美联社每季度能生产超过 4000 篇财报新闻报道。美联社的财经新闻目标人群是普通读者，所以其财经报道比较偏向大众化。自 2014 年美联社开始使用智能软件来撰写财报新闻以来，解放了记者，使他们能够集中精力撰写更具有深度的文章。在这些自动生成的财报新闻中，文章结尾会标注"这篇报道由 Automated Insights 自动生成"。

半岛电视台

ALJAZEERA

名称：الجزيرة（阿拉伯语）；

Al Jazeera（英语）

媒体类型：电视媒体

创始机构：卡塔尔王室、政府

创建年份：1996 年

公司性质：私营新闻电台

公司总部：卡塔尔多哈

公司官网：http：//www. aljazeera. net

半岛电视台位于卡塔尔首都多哈，为半岛媒体集团所属，是一家由逊尼派卡塔尔统治者资助和政府支持的阿拉伯语电视媒体，常被称为“阿拉伯的CNN”或“海湾的CNN”。半岛电视台在全世界100多个国家中拥有2.2亿观众，且拥有来自70多个国家的4000多个高水平员工。旗下半岛电视台英语频道（英文：Al Jazeera English）是一家24小时英语新闻时事电视频道，播出的节目中包括财经类节目。其财经频道的官网中，主要包括商业经济、观点和深度报道三大内容，且网站上的财经新闻热点更新速度较快。

半岛电视台的财经报道主要以文字和视频为主，在涉及热点新闻和深度报道时，在采用文字呈现形式的基础上注重现场感的传递，曾一度以电话采访而闻名；而涉及一些趣味性强的财经新闻，则主要以视频报道为主。

美国有线电视新闻网

英文名称：Cable News Network（简称CNN）

媒体类型：有线电视新闻

所属公司：时代华纳（公开上市）

创始人：特德·特纳

创建年份：1980年

公司总部：美国佐治亚州亚特兰大市

公司官网：http：//edition. cnn. com

CNN创立于1980年，通过卫星向有线电视网和卫星电视用户提供全天候的新闻节目，由时代华纳旗下的特纳广播公司所有，总部设在美国佐治亚州的亚特兰大市。截至2015年11月，CNN在全世界设立了42个记者站，向全球超过200个国家和地区提供24套电视节目。1995年，CNN设立了网站（CNN. com）。目前，CNN. com的成员由来自世界各地的4000多专业人士组成，网站提供从实时视频到新闻特写等报道。

1995年，CNN金融频道（CNNfn）成立，旨在向公众报道世界各地的股票、证券信息和国家商务消息；2001年，CNNfn与Money Magazine合并，创立了新的网站CNN Money；2004年CNNfn关闭，但其早期的经济报道经验使其财经频道（CNN Money）得以继续运营。

现在CNN主推的财经频道——CNN Money最初被视为CNNfn的替代品，但是在后续的发展中拓宽了其报道所涵盖的领域。CNN电视台在周末设立了一档同名节目，为大众梳理一周以来的重要财经新闻。网页版CNN Money的页面设计很简洁，以图片、视频和文字为主要报道模式。CNN的财经报道既针对普通大众，又服务于专业财经人士，根据两者不同的需求来提供相应的财经报道。

卫　报

英文名称：The Guardian

媒体类型：日报

所属公司：卫报媒介集团（未公开上市）

创始人：约翰·爱德华·泰勒

创建年份：1821 年

公司总部：英国伦敦

公司官网：http：//www. theguardian. com

《卫报》是英国一家全国性综合内容日报，属于卫报新闻与媒体（Guardian News and Media，GNM）子公司。其总部旗下拥有《观察家报》和《卫报周刊》两份报纸。2009 年，《卫报》和中国社区翻译网站译言网合作，正式推出了《卫报》中文版。

《卫报》的主要读者为政界人士、白领和知识分子，而外界一般认为它政治观点为中间偏左，其主要领域包括国际报道、文艺报道评论和国际通讯等。《卫报》的官网上有专门的财经栏目，分为经济、银行业、零售、市场和欧元区五大板块。2011 年夏季，该报以数据新闻记者西蒙·罗杰斯为主力，组建了视觉新闻、数据新闻与受众拓展团队，以更好地提供数字化的新闻产品。

印度时报

英文名称：The Times of India

媒体类型：日报

所属公司：印度时报集团（私营）

创建年份：1838 年

公司总部：印度孟买

公司官网：http：//timesofindia. indiatimes. com

《印度时报》创办于1838年，初名《孟买时报》，1861年5月18日改为现名，为印度历史最悠久、也是发行量最大的英文对开日报，隶属于印度最大的传媒集团 The Times Group。总部设于孟买，在新德里、阿默达巴德均有出版。该报稿源除了印度的萨马查尔通讯社，也采用美联社、《纽约时报》的消息，主要读者群为印度的中产阶级，国外的一些大图书馆和政府机关也常常订阅此报。

《印度时报》官网的财经频道，主要包括印度经济、全球经济、市场、企业家、专业财经等七大板块。《印度时报》财经频道的官网页面设计较复杂，以视频和文字为主要报道模式，财经报道针对普通大众，也服务于专业财经人士。

除传统的综合性媒体之外，很多新媒体集团也提供专业的财经信息内容服务，其中较有代表性的包括谷歌财经与雅虎财经等。

谷歌财经

英文名称：Google Finance

媒体类型：财经网站

所属公司：谷歌公司（公开上市）

创建年份：2006 年

公司总部：美国加利福尼亚州圣克拉拉县山景市

公司官网：www.google.com

谷歌财经是谷歌网站专注于财经应用的频道，成立于2006年，旨在介绍企业包括财务决策和重大新闻事件在内的动态，提供新闻和投资追踪服务。谷歌财经也提供股市信息，以 Flash 显示股价图表。2006 年底，谷歌财经采用新的网页设计，提供40年以来的股市历史数据和投资组合建议。2008 年 6 月，谷歌财经与纳斯达克证券交易所和纽约证券交易所合作，新增了实时股票更新的功能。目前，谷歌财经还提供移动客户端服务，为客户发送金融数据与投资组合建议。

雅虎财经

英文名称：Yahoo！Finance

媒体类型：财经网站

所属公司：雅虎公司（公开上市）

创建年份：2005 年

公司总部：美国加州桑尼维尔市

公司官网：http：//finance.yahoo.com

雅虎财经系雅虎网站的财经频道，提供金融新闻、数据评论、股票报价和公司财务报告，还提供一些个人财务管理的在线工具；其栏目主要分为：投资、新闻与观点、个人理财、个性化投资组合追踪和 Tech Ticker 短视频服务。雅虎财经在网页设计上参照了苹果的元素，设计简洁明了，其股价则主要来自于 BATS 电子股票交易所。2007 年，雅虎财经在中国亮相。中国雅虎财经频道包括“股票直播室”、“侠客”和“我的投资组合”等功能。在个股点评和及时回答的“股票直播室”，股民网友可以每天与专家进行不间断在线交流；“侠客”功能拓展了股民交流的空间，股民将自己撰写的财经博客进行在线互动，形成了股民与股民之间、股民与专家之间的互动与交流；“我的投资组合”则可以查到不同网友投资的股票组合，甚至是每只股票的收益率和涨跌率。在 2015 年 9 月，雅虎财经推出了新设计的网页 Beta 版，但因收到负面反馈较多，原有的创新计划不得不推迟。

2. 以财经为主打的专业财经媒体

专业财经媒体是指以财经信息为主要报道内容的媒体。这类媒体拥有较高的专业性和权威性。在众多新闻从业者中，财经媒体从业者往往掌握着专业的财经知识，并以其对财经信息的深刻理解和解读，吸引了大量的社会精英读者群。

华尔街日报

英文名称：The Wall Street Journal（简称 WSJ）

媒体类型：日报

所属公司：新闻集团，道琼斯集团（公开上市）

创建年份：1889 年

公司总部：美国纽约

公司官网：www. wsj. com

《华尔街日报》由道琼斯公司于1889年创办，2007年被新闻集团收购，总部位于美国纽约。该报分别在美国、亚洲和欧洲编辑出版。

《华尔街日报》曾获得过几十项普利策新闻奖，报道风格严肃，印刷版上绝大部分为文字报道，图片新闻较少，以深度报道见长，对题材的选择也非常谨慎。《华尔街日报》的读者绝大多数属于高收入、高学历、高职位类，定位精英。在财经报道方面，《华尔街日报》以公司、投资及金融新闻为主，语言表达直接规范，报道形式和新闻题材选取多元化、内容丰富。在非事件性的财经报道中，该报常采用“华尔街日报体”，即：先介绍与新闻主题有关的人物故事，通过这个人引出所要报道的新闻，进而一步步展开、深化新闻主题，这种报道方式为新闻界所熟知。《华尔街日报》网络版则侧重金融和商业领域的报道，读者群广泛，遵循了从专业化转向大众化的路径。

金融时报

英文名称：Financial Times（简称FT）

媒体类型：日报

所属公司：日本经济新闻社（未公开上市）

创始人：詹姆斯·谢瑞丹及其兄弟

创建年份：1888年

公司总部：英国伦敦

公司官网：www. ft. com

http：//www. ftchinese. com

英国《金融时报》也是世界领先的商业新闻机构，以其报道内容的权威性、真实性和准确性著称，在2015年7月被日本经济新闻社收购。《金融时报》提供财经新闻、评论及数据分析，拥有包括印刷版和电子版在内的逾70万个付费订阅用户。《金融时报》注重分析，该报每天出版两个版面的评论与分析（Comment and Analysis），侧重于对事件、现象与趋势的深入分析，体现了平衡的报道视角和国际化解读的方式。

《金融时报》的移动端产品已成为其重要平台，为网站带来近一半的流量和可观的电子版付费订阅用户。FT中文网（http：//www. FTChinese. com）是《金融时报》集团旗下唯一的中文商业财经网站，为中国市场提供商业财经新闻、深度分析以及评论。

经济学人

The Economist

英文名称：The Economist

媒体类型：周刊

所属公司：The Economist Group（私营）

创始人：詹姆士·威尔逊

创建年份：1843年

公司总部：英国伦敦

公司官网：www. economist. com

《经济学人》是一份由伦敦经济学人报纸有限公司出版的杂志，其总部位于英国伦敦。《经济学人》主要关注政治和商业方面的新闻，每期也有一两篇针对科技和艺术的报导以及书评；杂志中文章一般没有署名，而且往往带有鲜明的立场。

《经济学人》报道要素全面，其商业和金融两部分是财经新闻报道的核心板块，文章多以评论分析见长，敏锐洞察市场要素，涉及议题广泛，包括银行业、资本市场、贸易商品和宏观经济等。而在这些报道要素中，该杂志还以资本市场和公司报道为主，金融衍生品市场、对冲基金、资产证券化和金融改革及监管也是报道的重点。

从 2012 年 1 月 28 日开始，英国《经济学人》杂志新开辟了中国专栏，提供有关中国经济发展的报道与分析文章。

日本经济新闻

NIKKEI NET
日本経済新聞社

英文名称：Nihon Keizai Shimbun

媒体类型：日报

所属公司：日本经济新闻社（未公开上市）

创建年份：1876 年

公司总部：日本东京

公司官网：www. nikkei. co. jp

《日本经济新闻》1876 年创立于日本东京，最初是三井物产创办的《中外物价日报》，其后更名为《中外商业新报》，直至 1946 年更名为现在的报名。该报是日本全国性的大报之一，隶属于日本最大的传媒公司日本经济新闻社。

日本经济新闻社是一家综合媒体集团，除《日本经济新闻社》之外，旗下还拥有《日经 MJ（流通新闻）》、《日经产业新闻》、《日经金融新闻》、《The Nikkei Weekly》（英文）等报纸；同时经营东京电视台、日经 CNBC 以及日经广播电台（Radio Nikkei）。该社还负责计算东京证券交易所的日经平均股票价格（Nikkei225）。

《日本经济新闻》是侧重经济的综合性报纸，除了经济新闻还包含政治等其他新闻。报纸定位以日本中产阶级为读者对象，其读者大多是日本经济界、政治界等各界的领导者和公司的从业人员，在报道中风格沉稳，且善用数字说话。

《日本经济新闻》经济版主要提供经济政策、税制问题等宏观信息及银行、保险、证券等金融机构动向；企业版主要报道日本大企业与挑战新产业领域的高新企业的动向；市场综合版集中报道股票、金融产品等各交易市场的状况。

印度经济时报

THE ECONOMIC TIMES

英文名称：The Economic Times

媒体类型：日报

所属公司：The Times Group（私营）

创建年份：1961 年

公司总部：印度孟买

公司官网：http：//economictimes. indiatimes. com

《印度经济时报》是拥有读者量最大的印度经济类英文日报，隶属于印度最大的传媒集团。同时，该报也是世界上第二大英文类商业报纸，仅次于《华尔街日报》。该报总部在印度孟买，主要内容是基于印度的经济信息，涉及国际金融、股票、大宗商品，以及其他与金融相关的报道。

消费者新闻与商业频道

CNBC

英文名称：Consumer News and Business Channel（简 CNBC）

媒体类型：财经有线电视台

所属公司：NBC 环球新闻集团，康卡斯特公司（公开上市）

创建年份：1989 年

公司总部：美国新泽西州英格武德克里夫市

公司官网：www. cnbc. com

CNBC 是全球性财经有线电视卫星新闻台，是财经广电媒体中公认的佼佼者，隶属于 NBC 环球新闻集团，总部位于美国新泽西州英格武德克里夫市。在 1991 年前，CNBC 使用消费者新闻与商业频道（Consumer News and Business Channel）的全名为频道名称，之后只使用 CNBC 的缩写至今。

CNBC 在欧洲、亚洲和美国拥有三个区域性财经报道网络，周一至周五全天 24 小时现场直播，追踪全球市场动态，实时直播从亚洲市场开盘前开始，到欧洲及美国市场开盘、收盘。CNBC 的重点节目包括"财经论坛"、"市场观察"、"市场综述" 和 "商业中心"。

CNBC 的特点首先是专业财经性，财经色彩贯穿着其节目设置的始终，在工作日白天时段的节目安排与股市同步，基本上都是直播节目，而晚间节目则以回顾和预测为主。其次，在频道编排上，CNBC 定位为世界财经信息的报道者，报道内容不局限于国内经济，既突出报道华尔街股市，又兼及欧洲、亚洲股市的动向。同时，在频道运作上，CNBC 采取直播与互动的形式相穿插；把目光投向了社会精英阶层，把报道重点局限在政治与经济（特别是金融）方面，市场落点高端且专业。

以上为较有代表性的国际财经专业媒体。与国际综合性媒体不同的是，专业财经媒体在报道中更加注重记者编辑的分析解读，在充分分析财经信息的基础上，对未来发展趋势进行预期判断，而非简单的事实罗列和描述。同时，专业财经媒体的报道也越来越多地利用数字技术，呈现出数据可视化和多媒体融合的发展趋势。

3. 财经信息服务集团

财经信息服务集团也是提供国际财经报道的重要媒体。比起综合性媒体和专业财经媒体，它们更像是财经信息提供商，为企业和产业提供专业的财经、金融和国际市场资讯，同时为金融从业人士提供决策依据。因此，财经信息服务集团在信息内容的提供和解读上，具有较高的专业性和权威性，财经信息的内容和来源也更加广泛。读者群主要以企业、金融从业者等拥有专业知识和高学历背景的受众组成。

彭博新闻社

Bloomberg

英文名称：Bloomberg News

媒体类型：通讯社

所属公司：Bloomberg L. P.（有限合伙制企业）

创始人：迈克尔· 布隆伯格

创建年份：1981 年

公司总部：美国纽约

公司官网：www. bloomberg. com/news

彭博新闻社是财经信息服务集团中的佼佼者。彭博新闻社总部位于纽约，是全球最大的财经资讯公司之一，也是全球主要的金融信息服务供应商。它所生产的内容包括彭博数据终端、彭博电视、彭博广播、彭博商业周刊、彭博市场、彭博商业网站，以及彭博手机客户端。其数据终端系统“彭博专业服务”可以帮助客户查阅和分析实时金融市场数据，并进行交易。使用彭博数据终端的客户遍布全球，包括交易员、投行、美联储、美国其他官方机构以及全球各大央行等。

彭博新闻社的交互数据产品“亿万富翁财富排名榜”也是公司特色。这一产品是彭博社的拳头产品，提供数据驱动、交互性和个性化的服务，对全球的财富变化进行实时更新和动态排名。

路透通讯社

REUTERS

英文名称：Reuters
媒体类型：通讯社
所属公司：汤森路透集团（公开上市）
创始人：保罗·朱利叶斯·路透
创建年份：1851 年
公司总部：英国伦敦
公司官网：http：//thomsonreuters. com

路透通讯社（简称路透社）是世界排名前三的多媒体新闻通讯社，其总部位于英国伦敦。路透社在全球 100 多个国家设有分社，雇有员工 60 000 多名。路透社新闻报道的主要对象是国外新闻，它紧密配合英国政府的外交活动，其经济新闻主要是商情报告，为英国和西方大企业服务。

路透社的消息大致有特急快讯、急电和普通电讯三种。这三种电讯的时效按顺序递减，篇幅按顺序递增。特急快讯主要针对商业用户，快讯主要适用于政府机关及电子媒介订户，普通电讯则主要服务于其他新闻媒介订户。

路透社在报道方面有快速、准确和中立的特点，其信息终端可以与企业内部网络联系，形成企业信息化的解决方案。路透社向全球金融市场提供三大系列产品，包括资讯及新闻内容产品、金融风险管理与金融交易解决方案，以及交易处理服务技术和网络接驳产品。

道琼斯公司

英文名称：Dow Jones & Company

媒体类型：综合性商业财经信息提供商

创始人：查尔斯·道；爱德华·琼斯；查尔斯·博格斯特莱斯

创建年份：1882 年

公司性质：上市公司

公司总部：美国纽约

公司官网：http：//new. dowjones. com

道琼斯公司是世界领先的商业财经信息提供商，总部位于美国纽约，旗下拥有报纸、杂志、通讯社、电台、电视台以及互联网服务，其中《华尔街日报》和《远东经济评论》杂志在全球富有盛名。该公司还拥有全球著名的电视财经媒体 CNBC 50% 的股份，著名的道琼斯指数也由公司负责编制和发行。

道琼斯公司将业务划分为消费者媒体集团、企业媒体集团和社区媒体集团三大部分。消费者媒体集团主要包括《华尔街日报》全球报系和华尔街日报网络版，企业媒体集团包括道琼斯通讯社、道琼斯指数和道琼斯路透商业资讯等，社区媒体集团主要是奥特维报系的地方报刊。

道琼斯指数（Dow Jones Industrial Average）是公司的一大特色，最早在 1884 年由道琼斯公司的创始人查尔斯·亨利·道开始编制，是一种算术平均股价指数。它共分为道琼斯工业股价平均指数、道琼斯运输业股价平均指数、道琼斯公用事业股价平均指数和道琼斯股价综合平均指数；而在四种股价指数中，以道琼斯工业股价平均指数最为著名。

FactSet 研究系统

英文名称：FactSet Research Systems Inc.

媒体类型：金融数据和软件公司

创始人：霍华德·威尔；斯奈德·查尔斯

创建年份：1978 年

公司性质：上市公司

公司总部：美国康涅狄格州诺瓦克

公司官网：http：//www. factset. com

FactSet 研究系统公司是跨国金融数据和软件公司，总部设在美国康涅狄格州诺瓦克。FactSet 的业务专注于技术和客户服务，除结合几百个不同的数据库之外，公司主要开发并且优化它的软件。FactSet 还为客户提供本土的财经专业咨询和培训服务。

FactSet 被福布斯杂志连续 13 年评为美国“200 Best Small Companies”。Factset 的主要竞争者包括 Bloomberg L. P. （彭博），Thomson Reuters（汤姆森路透）和 Capital IQ。该公司为全球主要金融机构的分析员、证券管理员和投资银行家提供金融数据和相关分析，但不为个人投资者提供产品和服务。

以上是较有代表性的国际财经新闻服务集团。这些信息集团在新闻的呈现上更注重大数据的运用，内容与技术并重，在数据资源和技术支撑的基础上，建立财经资讯平台，为金融从业人员和企业提供国际市场资讯，也为投资行为和企业发展提供决策依据。

4. 细分行业的财经新闻机构

除了综合性媒体、专业财经媒体和财经信息服务商，还有一些财经媒体以自身独特的报道风格和与众不同的呈现方式吸引着读者。这类财经媒体大多侧重于经济报道中的细分领域，比如证券、股票、个人理财、公司商业新闻等；在报道方式上，有的媒体以传统报纸或杂志的形式呈现新闻，有的则以网络博客的形式吸引受众。这类财经新闻媒体在报道内容上各有侧重，报道方式也独树一帜，拥有着各自特定的读者群体，是财经新闻领域的重要力量。

Tech Crunch

英文名称：Tech Crunch
媒体类型：科技类博客媒体
所属公司：美国在线公司（公开上市）
创始人：迈克尔·阿灵顿；凯斯·泰尔
创建年份：2005 年
公司性质：上市公司
公司总部：美国旧金山
公司官网：http：//techcrunch. com

TechCrunch 主要报道新兴互联网公司、评论互联网新产品，同时发布业内重大突发新闻。TechCrunch 目前是关注互联网和创业的重量级博客媒体，被称为美国互联网产业的风向标，其中的内容成为风险投资者的重要参考。

TechCrunch 成立于 2005 年 6 月。在 2010 年，公司以 3000 万美元的价格被 AOL 收购，现拥有一个有关创业公司资料的开放式数据库 CrunchBase，并经常举办研讨、交流以及科技活动交流大会“TechCrunch Disrupt”。TechCrunch 满足了关心 TMT 行业发展人士的信息诉求，提供个性化、专业化和创新性的科技信息。

Venture Beat

英文名称：Venture Beat
媒体类型：风险投资、互联网产业新闻博客
创始人：马特·马歇尔
创建年份：2006 年
公司性质：上市公司
公司总部：美国旧金山
公司官网：http：//venturebeat. com

Venture Beat 是专注于科技和商业信息的科技博客，总部位于美国加州的旧金山，其栏目包括数字媒体、生命科学、绿色科技和移动通讯等。网站集中报道创业和实时动态新闻，爆料业界内幕，也以报道投资并购为特色。2008 年 10 月，Venture Beat 的报道内容开始在纽约时报的科技板块出现，至今已频繁为各类媒体所转载使用。

投资者商业日报

英文名称：Investor’s Business Daily（IBD）
媒体类型：针对投资者的日报
创始人：威廉·奥尼尔
创建年份：1984 年
公司总部：美国洛杉矶
公司官网：www. investors. com

《投资者商业日报》(Investor's Business Daily, IBD) 创刊于 1984 年，主要为投资者提供股票历史的研究数据，一般不提供观点和预测，也不会建议或推荐投资策略，因为他们认为最有效的投资方式是帮助用户真正地了解市场的运作。在 20 世纪 50 年代末，《投资者商业日报》创始人威廉·奥尼尔曾开展过一项研究，探索在十二个月之内的强势股的共同点。这项研究具有里程碑式的意义，至今仍然被效仿；现在，这已经成为了业内重要的研究方法，可以分析 1883 年开始的绩效最高的股票，《投资者商业日报》将这些强势股进行分析存档，为普通的用户提供资源，协助他们实现卓越的投资绩效。

福布斯集团

英文名称：Forbes

媒体类型：商业类投资集团

创始人：B·C·福布斯

创建年份：1917 年

公司性质：未公开上市

公司总部：美国纽约

公司官网：www.forbes.com

福布斯集团成立于 1917 年，它首开美国商业新闻的先河，其旗舰出版刊物《Forbes》是美国首屈一指的商业杂志，也是全球最为著名的财经出版物之一。《福布斯》由原纽约《商业日报》记者帕蒂·福布斯 (B.C Forbes) 于 1917 年创刊，是全美第一份以个人名字命名的杂志。目前，《福布斯》在全球出版发行各国版本近 10 类，并且扩展多样化杂志副刊，整个集团平台吸引了近 5000 万读者。

1982 年集团首次推出“福布斯富豪榜”在全球产生巨大影响，每年发布的榜单成为媒体报道的焦点。20 世纪 90 年代初，《福布斯》创办“福布斯全球总裁会议”（也称“福布斯全球 CEO 论坛”），与达沃斯世界经济论坛和《财富》全球论坛并称为世界级三大经济论坛。福布斯最为人熟知的产品包括“最富有美国人列表”（福布斯 400）和“世界顶级公司排名”（福布斯全球 2000）等。

财富杂志

FORTUNE

英文名称：Fortune Magazine
媒体类型：聚焦投资者的财经杂志
所属公司：时代华纳公司（公开上市）
创始人：亨利·鲁斯
创建年份：1929 年
公司总部：美国纽约
公司官网：www. timeinc. com

《财富》隶属于时代华纳旗下的时代公司，总部位于美国纽约。该杂志在长篇深度经济报道中，与全美国商业杂志《福布斯》和《彭博商业周刊》竞争。《财富》强调企业对社会和经济的影响力，在全球的定位是报道大新闻和大企业的媒体。

“财富 500 强排行榜”和“财富全球论坛”是《财富》的品牌产品，为其赢得了影响力和赞誉。同时，《财富》也推出“全球企业 500 强”排名，强调企业对社会和经济的影响力。

吉普林格

Kiplinger

英文名称：Kiplinger

媒体类型：专注个人理财服务的出版商

创始人：W. M. 吉普林格

创建年份：1920 年

公司总部：美国华盛顿

公司官网：http：//www. kiplinger. com

吉普林格（Kiplinger）于 1920 年由前美联社经济记者吉普林创办，是一家位于华盛顿特区的财经媒体。吉普林格致力于打造专门从事个人理财服务的产品，以印刷品、线上获取、音频、视频和软件产品的方式出版商业预测和个人理财建议方面的资讯。吉普林格最著名的出版物是“吉普林新闻信”，这是一份商业和经济预测型周刊。吉普林格也出版“吉普林格个人理财”月刊。吉普林格曾经被多次评为全美最具有公信力的财经媒体。

石英网

QUARTZ

英文名称：Quartz

媒体类型：新兴国际财经网站

所属公司：大西洋传媒

创始人：凯文·德兰尼及其团队

创建年份：2012 年

公司总部：美国纽约

公司官网：www. qz. com

Quartz 成立于 2012 年，是美国纽约“大西洋媒体公司”的新闻出版物，也是第一个使用移动应用程序的新闻网站，设计采用“自适应网页设计”。

Quartz 没有提供全方位的新闻服务，而是集中关注全球经济、商业和技术领域的大规模趋势和变化。Quartz 最初为手机移动设备和药品而设计，之后跨越新闻领域，成为第一个将移动设备作为核心策略的新闻网站。

政治新闻网

POLITICO

英文名称：Politico
媒体类型：专业政策、政经新闻网站
所属公司：Capitol News Company（私营公司）
创始人：约翰·哈里斯；吉姆·范德海
创建年份：2007 年
公司总部：美国弗吉尼亚州阿灵顿县
公司官网：www.politico.com

政治新闻网（Politico）是美国的一个政治新闻组织机构创办的媒体新闻网站，总部设在美国弗吉尼亚州阿灵顿。Politico 关注政经报道，通过电视、互联网、报纸和广播等发布国内政治新闻热点内容，内容覆盖美国国会报道、政治评论和媒体观点等。

美国城市商业期刊

ACBJ

英文名称：American City Business Journals

媒体类型：报业集团

所属公司：Advance Publications（私营公司）

创始人：迈克·拉塞尔

公司总部：美国北卡罗来纳州夏洛特市

公司官网：http：//acbj. com

美国城市商业期刊（ACBJ）是一家美国报业集团，由 Advance Publications 所拥有，总部设在美国北卡罗来纳州夏洛特市。ACBJ 涉及面广，出版议题覆盖体育、商业和高科技等领域；它拥有广泛的媒体资源，包括 40 个主要大都市的周刊，拥有四百多万读者。ACBJ 旗下控股 the Street & Smith's Sports 集团，该公司出版纳斯卡画报和 Scenedaily. com。

美国商业内幕博客

BUSINESS INSIDER

英文名称：Business Insider

媒体类型：商业博客

所属公司：施普林格集团（公开上市）

创始人：凯文·瑞恩

创建年份：2007 年

公司性质：上市公司

公司总部：美国纽约

公司官网：http：//www. businessinsider. com

美国《商业内幕》博客成立于2007，是针对快速发展的商业资讯进行独到分析的博客文章站点，着重于金融、媒体、互联网和高科技等资讯，其总部位于美国纽约。该网站提供并分析商业新闻和网络上的热门新闻，也会援引如《纽约时报》等新闻媒体。2015 年 9 月，Business Insider 被德国出版业的巨头施普林格集团（Axel Springer）以 5.6 亿美元收购。

Business insider (BI) 侧重于商业资讯的分析，也会涉及网络热门话题的讨论，其网站每年都会出版社论，评选“世界上最有价值的 100 家科技公司”。

苹果内幕消息博客

appleinsider

英文名称：Apple Insider

媒体类型：科技博客网站

所属公司：苹果公司

创建年份：1998 年

公司官网：http://appleinsider.com

苹果内幕消息博客成立于1998年，是美国科技博客网站，专注于深入调查苹果公司的信息，讨论苹果产品、供货生态链、投资方、雇员和竞争者等方面的情况。苹果内幕消息博客也是一个新闻资讯社交平台，其中包括一个论坛，网站用户可以在这里讨论关于苹果公司的新闻资讯和其他社区新闻。

《债券卖家》

BB

英文名称：The Bond Buyer

媒体类型：债券类网站；日报

所属公司：资源传媒，观察者资本（私营）

创建年份：1891 年

公司总部：美国纽约

公司官网：http：//www. bondbuyer. com

《债券卖家》（The Bond Buyer）建于 1891 年，是总部在美国纽约的全国性交易日报，专注于债券行业，主要为投资者提供有效的债券交易信息。The Bond Buyer 在周一到周五出版印刷纸质版，采用小报发行，在首页会放置 3 至 4 个债券类新闻。The Bond Buyer 还有相应的付费网络版，主要提供交易日的实时消息，以及交易数据和档案。

普氏能源资讯

PLATTS
McGRAW HILL FINANCIAL

英文名称：Platts

媒体类型：能源类简报

所属公司：麦格劳—希尔金融集团（公开上市）

创始人：沃伦 · C · 普拉特

创建年份：1909 年

公司总部：英国伦敦

公司官网：http：//www. platts. com

普氏能源资讯是全球领先的能源和金属信息提供商，自1909年起，普氏能源资讯就致力于为客户提供市场新闻和数据、基准估价和新闻简报，帮助客户进行贸易和商业方面决策。普氏能源资讯提供的产品服务包括：实时新闻和市场快讯、估价与指数，以及新闻简报和经济导报等。

以上从内容维度对国际财经媒体进行了分类。同时，我们也可以按照媒体属性的不同，将国际财经媒体分为报纸、期刊、财经新闻简报、广播电视、通讯社和新兴网站类财经媒体六大类。

在报纸类财经媒体中，代表性媒体包括《华尔街日报》、《纽约时报》、《金融时报》、《卫报》、《印度经济时报》、《日本经济新闻》和《印度时报》等。在期刊类财经媒体中，比较知名的品牌有《经济学人》、《福布斯》、《财富》和《彭博商业周刊》等。在财经新闻简报中，领先的有《吉普林格》和《普氏能源资讯》。

此外，国际知名的广播电视类财经媒体包括：英国广播公司（BBC）、美国全国广播公司（CNBC）、半岛电视台、美国有线电视新闻网（CNN）、福克斯商业新闻网和彭博电视。提供财经信息的通讯社包括：新华社、彭博社、路透社、法新社和美联社等；而新兴的网站类财经媒体有：Quartz、Tech Crunch、美国商业内幕博客、Venture Beat、苹果内幕消息博客和苹果论坛等。这些不同类型的财经媒体提供了多视角的财经信息，贡献了有专业深度和内容特色的财经资讯，共同推动了国际媒体发展中的财经专业化趋势。

第三章　国际财经媒体评述

随着国际财经媒体的不断发展，针对财经媒体和财经传媒专业人士的研究与评价也越来越多元。市场对财经媒体的影响力程度、财经记者影响力和财经新闻报道的内容特点等都进行了相应的调查与分析。本章根据国外主要媒体研究与调查机构针对国际财经媒体所进行的调研进行了梳理，通过财经媒体影响力指数、受欢迎程度、财经媒体从业人员影响力和财经媒体信源可信度等指标，对国际财经媒体的发展状况进行评述。

一、国际财经媒体影响力

1. 财经媒体影响力分析

乔卡那集团（Gorkana Group）是著名的媒体调查与研究机构，它为市场提供与新闻传播相关的研究与分析报告。2014 年，Gorkana 集团召集来自不同媒体机构的 494 名财经记者组成调研团队，聚合传媒人士的经验和专业视角形成了《财经媒体调查报告》。报告中对财经媒体的评估标准采用“提名制”，即由调研团队针对每项指标进行提名，获得提名最多的位列第一，以此类推。表 3－1 列出了该报告对财经媒体的影响力评价情况。

表 3－1　　　　国际财经媒体影响力评价①

提名次数所占比例	排名	
The Wall Street Journal	83%	1

① 资料与数据来源：http：//www. gorkana. com

续表

提名次数所占比例	排名	
Bloomberg News	58%	2
The New York Times	31%	3
Financial Times	21%	4
Thomson Reuters	19%	5
CNBC	17%	6
CNN Money	5%	7
Yahoo! Finance	4%	8
The Economist	4%	8
Fox	3%	9
Business Insider	2%	10
Forbes	2%	10

调查显示，华尔街日报（The Wall Street Journal）获得83%的提名，位列第一，是最具影响力的财经媒体；其次为彭博新闻社（Bloomberg News），提名比例为58%，这两家媒体以显著的优势领先财经传媒，高居榜首位置。位列第三的是纽约时报（New York Times），提名率为31%，位于其后的是金融时报（Financial Times，提名率21%）、路透社（Reuters，提名率为19%），以及全球财经电视新闻（CNBC，提名率为17%）。CNN Money、Yahoo财经、经济学人（The Economist）、福克斯（Fox）、商业内幕博客（Business Insider）和福布斯（Forbes）提名率较为相近，均位列于财经传媒影响力前十榜单。

在领先的财经媒体中，传统媒体仍然占有绝对优势。然而，我们也可以发现，数字媒体正在逐渐显示其影响力。雅虎和商业内幕博客（Business Insider）是网络媒体中的新锐，2014年度首次进入财经媒体影响力前十的榜单。随着网络媒体的加速发展，可以预见的是，在未来年度中，将会有更多的数字财经媒体进入影响力排名的前列。

2. 最受欢迎的网络财经媒体

媒体受欢迎程度也可以作为了解和评价财经传媒的参考维度。The Top Tens 网站针对网络财经媒体进行了评估，依据报道的信源和报道内容的优质程度等，编制了“财经网站前20”（The Top 20 Financial Websites）的影响力排名评价，同时也给出了财经新闻网站入选的理由，如表3-2所示。

表3-2　　网络财经媒体影响力评价①

网站	评价
1. Wall Street Journal	拥有独特财经报道视角的综合性媒体
2. Bloomberg. com	优秀的财经网站，涵盖大量重要财经资讯
3. Financial Times News	世界顶尖财经信息提供商之一，以其报道的权威性和准确性著称，随着财经资讯受众的增加，其服务范围也逐渐拓宽
4. Marketwatch. com	涵盖新闻、市场数据、互惠基金、个人理财、投资话题等资讯
5. RTTNews. com	行业领先的内容提供商，针对广泛议题提供及时、独到的解读。主要产品为经济、金融、政治、娱乐及健康类资讯解读。内容多以文本、数据、表格、图片和音视频多媒体方式呈现
6. Il Sole 24 Ore	无
7. eFinancialNews Ltd	内容涵盖证券、投资银行、基金管理等，注重对讯息的分析阐述和投资技巧的提供
8. TheStreet. com	领先的财经数字媒体，通过网站、电话订阅、邮件、博客和在线视频等多种形式，提供财经相关资讯
9. Expansion. com	无
10. Financial Post	为世界提供优质的财经相关资讯
11. Seeking Alpha	主要发布分析市场状况的优质解读文章
12. Quote. com	是最早针对财经领域提供流动解读、图表、新闻和数据的网站，内容涵盖股票、商品、货币、汇率和债券等
13. Russia Today	无

① 资料与数据来源：http：//www. thetoptens. com

续表

网站	评价
14. Thisismoney. co. uk	内容涵盖个人理财、股票、公司新闻和市场报告等，也涉及股票追踪、利率计算和货币兑换等
15. SoldiOnline	无
16. Investing. com	无
17. Smallcappower. com	每天更新最新、最重要的股市资讯和投资建议，吸引小额投资者关注
18. Onestopbrokers. com	涵盖国际金融市场信息，每日更新且每篇消息短小精悍
19. Moneytalks. net	加拿大知名财经类节目 Money Talks 的"名嘴" Michael Campbell 的个人网站，每天更新多次，内容以个人投资理财建议和市场分析为主
20. Kitco. com	信息覆盖面广泛，多以图表形式呈现

3. 财经记者影响力分析

除了关于财经媒体影响力的研究分析外，针对财经媒体从业人员的调查和评价也吸引了很多关注。Gorkana 集团也基于调查研究数据提供了关于财经新闻记者的影响力评价情况，如表 3－3 所示。

表 3－3　　财经记者影响力评价①

排名	姓名	新闻机构	排名	姓名	新闻机构
1	Andrew Ross Sorkin	NYT/CNBC	7	David Wessel	Hutc hins Center/WSJ
2	Jon Hilsenrath	WSJ	7	Matt Taibbi	Rolling Stone
3	Gretchen Morgenson	NYT	8	Matt Winkler	Bloomberg News
3	Paul Krugman	NYT	9	Joe Weisenthal	Business Insider
4	Michael Lewis	Vanity Fair	10	Gillian Tett	Financial Times
4	Felix Salmon	Reuters	10	Martin Wolf	Financial Times
5	Maria Bartiromo	Fox Business			
6	Jim Cramer	CNBC/TheStreet			

① 资料与数据来源：http：//www. gorkana. com

在财经新闻记者中，影响力位列第一的安德鲁·罗斯·索尔金（Andrew Ross Sorkin）是《纽约时报》的首席记者及专栏作家，美国CNBC电视台节目主持人。他曾于2001年创建纽约时报的在线财经报道网站Dealbook，2004年获得美国财经新闻界荣誉“杰洛德·罗布”奖。2005年和2006年他再次获得美国商业新闻奖和作家学会奖。2007年，世界经济论坛提名其为全球青年领袖之一。索尔金著有专著《大而不倒》（《Too Big To Fail》），客观而详尽地展现了金融危机发生之后美国主要监管机构和投行的众生相。在这部作品中，索尔金描绘了雷曼兄弟公司如何一步步地自断生路，监管机构如何在“政治正确”的牵绊下作出选择，各大投行又是如何在人人自危的环境中力求自保。书中公布了不曾公开的访谈和华尔街决策内幕，也揭示了美国经济萧条如何发展成全球金融危机的过程，再现了从银行到政府再到整个美国身处金融危机第一现场的反应。作为一名出色的记者，索尔金为《纽约时报》撰写或与他人合写了大约2000篇文章。他还多次独家报道重大交易，譬如J. P摩根和大通银行的合并、惠普收购康柏、IBM出售个人电脑业务给联想公司等，形成了突出的品牌影响力。

位列第二的是被称为“华尔街深喉”的琼·希尔森瑞思（Jon Hilsenrath）。他曾经因为撰写了关于量化宽松II（QE2）的前瞻文章而引发了美元市场剧烈波动。财经业界将他视为美联储的喉舌甚至是官方新闻发言人。他是伯南克最喜欢的财经记者之一，也是华尔街日报的首席经济记者。

位列第三的格莱琛·摩根森（Gretchen Morgenson）是《纽约时报》资深的商业与财经编辑、专栏作家。她以财经记者鲜有的知识深度与怀疑精神赢得了口碑。摩根森曾在添惠证券投资公司（Dean Witter Reynolds）从事股票经纪工作，自1998年起研究全球金融市场。她曾因报道华尔街时“锐利而深刻”的笔锋获得“普利策”奖。她著有《资本家的圣经》一书，深刻阐释了资本主义的内涵及全球化的意义。

位列第六的是CNBC主持人吉姆·克莱姆（Jim Cramer）。吉姆拥有自己的节目《疯狂金钱》（Mad Money），是财经新闻人中的传奇，他经常在节目现场与观众通过电话连线，告诉他们应该如何处理手中的股票。大众将他称为“疯狂的财经主持人”。

最受欢迎的十大财经记者大多来自传统媒体，但同时也有 Bloomberg 和 Business Insider 的记者入围其中。这显示出新媒体和传统媒体、数字报道与传统报道的影响力和受欢迎程度都在发生变化。其中，琼·维森撒（Joe Weisenthal）曾是《商业内幕》博客（Business Insider）的执行主编，后于 2014 年被彭博新闻社重金挖走，为彭博开发新市场的新闻网站。

优秀的财经记者是财经媒体的重要品牌资源，财经媒体的发展也对财经新闻记者提出了更高的要求。对此，Gorkana 集团在其调查中针对财经新闻记者提出了五个中肯的建议，分别为：

（1）公平客观，尊重事实（Always tell the truth）。

（2）确保信源的可信度，并注明出处（Be more responsive and provide better access to sources）。

（3）选题平衡新闻价值与报道趋势（Pitch ideas that are newsworthy and leverage news trends）。

（4）更好地理解记者报道和受众需求（Build better knowledge of journalists' beats and audiences）。

（5）充分了解报道的相关行业或企业（Gain better knowledge of company/industry you are representing）。

4. 财经公关专家影响力分析

Gorkana 集团关于财经媒体的研究不仅限于财经记者，还包括对与财经新闻相关的财经公关专家的评估与调查，报告也贡献了关于财经公关专家影响力的分析与评价情况，如表 3－4 所示。

表 3－4　　财经公关专家影响力评价①

排名	姓名	机构
1	Brandon Ashcraft	Barclays
	Tucker Hewes	Hewes Communications

① 资料与数据来源：http：//www. gorkana. com

续表

排名	姓名	机构
2	Rosalie Berg	Strategic Vantage
	Owen Blicksilver	Owen Blicksilver PR
	Michael DuVally	Goldman Sachs
	Kelly Holman	BackBay Communications
	Terry Rooney	Rooney & Associates
3	Jennifer Connelly	Jennifer Connelly PR
	Dean Davison	Lockton Companies
	Chris Faile	Deioitte LLP
	Josh Inglis	Propllr
	Jason Lahita	Ficomm Partners

财经公关是指企业组织为维护其在资本市场投资者和相关群体中的形象和价值而展开的公关推广活动。财经公关是公司和投资者之间沟通交流的桥梁，它可以帮助企业树立良好的资本市场形象，建立良好的投资者关系。财经公关工作和财经新闻报道工作紧密相连，甚至很多优秀的财经公关人士都拥有作为财经新闻记者的经验与背景。

在表 3－4 列示的最具影响力财经公关人士的排名中，位于前列的也大多是具有丰富财经新闻与沟通经验的专业人士。其中，位列第一的布兰顿·阿什克里夫特（Brandon Ashcraft）来自于伦敦巴克莱银行。巴克莱银行是全球规模最大的银行及金融机构之一，主要业务是环球零售和银行管理。阿什克里夫特拥有金融财务专业背景，具有丰富的媒体经验，为拓展和传播巴克莱银行品牌组织和开展了一系列卓有成效的公关工作。

位列第二的迈克尔·杜万雷（Michael DuVally）所在的高盛集团是国际领先的投资银行，向全球提供广泛的投资、咨询和金融服务。杜万雷在负责协助客户进行交易和推介集团品牌影响力方面享有良好的声誉。位列第三的罗斯利·博格（Rosalie Berg）来自于传媒公关集团 Strategic Vantage，他尤其擅长社交媒体公关，出色的新媒体经验使其影响力也居于财经公关人士的榜首。

二、财经新闻报道内容资源分析

Gorkana集团的调查还对财经新闻的信息来源进行了汇总与分析。2012年的信息来源从高到低排序依次是：报纸及其他出版物、个人兴趣及私人关系、读者邮件及电话联系、美国政府新闻信息披露、公司新闻披露、非盈利性社会媒体、非营利组织信息披露、公关专家、调查研究、大学新闻信息披露，及盈利性社会媒体。2014年的排名结果与2012年相近，只是前五名的顺序发生了变化，依次更替为：报纸及其他出版物、个人兴趣及私人关系、公司新闻披露、美国政府新闻信息披露、读者邮件及电话联系、非盈利性社会媒体、非营利组织信息披露、公关专家、调查研究、大学新闻信息披露，以及盈利性社会媒体，如图3－1所示。

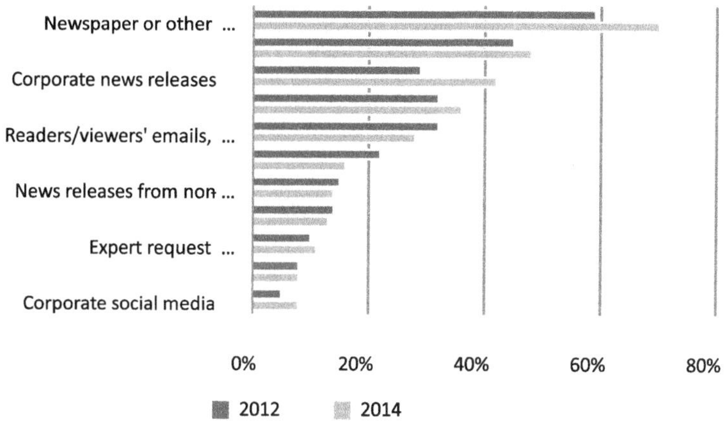

图3－1 财经新闻信源排名[①]

同时，该项研究也对财经新闻的信源可信度进行了分析。2012年的可信度排名从高到低依次是：学者、技术专家、金融业分析员、公司CEO、新闻专业人员、政府办公室、非政府组织发言人、公司普通员工、公关公司专家。

① 资料与数据来源：http：//www. gorkana. com

而2014年排名分别是：学者、公司CEO、技术专家、金融业分析员、新闻专业人员、政府办公室、公司普通员工、非政府组织发言人、公关公司专家。从调查结果可以看出，财经记者们普遍认为，来自专家学者的信息拥有相当高的可信度，而来自企业公关部门或公关公司的信息往往并不可靠，见图3-2。

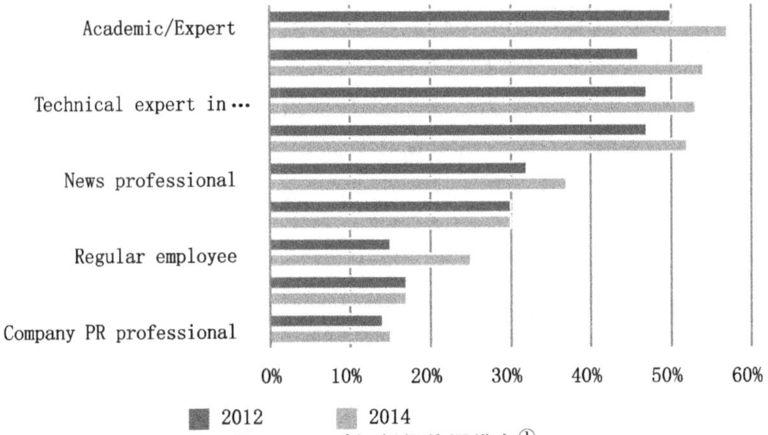

图3-2 财经新闻信源排名①

三、财经新闻发展面临的问题与挑战

Gorkana集团在2015年还进行了一项关于“财经记者对财经新闻报道和经济形势判断”的调查。结果显示，2014年与2012年相比，财经记者对于美国经济状况的评价，以及对于美国金融服务的评价都变得更加积极，唯独对于财经新闻报道的评价变得更为消极。这说明，金融危机风暴席卷后的美国经济已经逐步向好，这也是大众一致认可的事实，但财经记者却认为在此基础上的财经新闻报道并没有朝着更加令人满意的方向发展，这显示出目前的财经新闻报道中仍存在不少问题与挑战。

财经新闻报道中所面临的第一个挑战来自于报道议题的专业性与复杂性

① 资料与数据来源：http：//www.gorkana.com

对从事报道的专业人员提出了越来越高的要求。财经新闻报道是进入壁垒较高的一个领域，要求从事这项工作的记者有良好的专业背景与广泛的社会认知，对经济发展、金融市场和公司运营等议题有客观的报道、清晰的解读和深入的分析。经济与金融市场的快速变化大大增加了财经议题报道时所面临的不确定性与复杂性，财经新闻记者需要具备越来越强的专业素养以提供受众满意的国际与国内财经报道。

挑战的第二个方面来自于技术的发展和媒介环境的快速变迁使受众使用媒介的习惯不断变化，对新闻报道的内容、传播的渠道和呈现的方式等都提出了新的要求。受众不但关心媒体提供什么样的信息，也关心信息的易用性，甚至是在信息使用过程中所感受到的参与性和互动性。这就要求财经新闻记者具备多媒体报道的能力，能够全面适应平面媒体、电视媒体和网络新媒体的报道要求。同时，财经媒体也需要具备组织生产融合新闻的能力，应用数据分析与处理技术，将新闻信息内容以平面、视听和网络在线或移动的形式呈现给受众，使受众获得信息消费中的增值体验。

挑战的第三个方面来自于传媒产业本身所遭遇的转型危机与盈利模式缺失危机。传媒产业，尤其是传统平面媒体正面临发行量下滑和广告收入减少的问题；新媒体组织中也缺少通过在线业务盈利的有效商业模式。媒体运营的挑战直接影响到财经新闻与信息的有效组织与生产，影响财经专业记者的工作与成长，因此财经传媒亟需在运营管理中探索有效的创新路径，引领媒体持续发展。

有鉴于此，本书以下章节将介绍国际财经媒体报道中的内容创新与组织管理中的模式创新。希望通过梳理国际财经媒体报道实践中的融合媒体、数据媒体、沉浸式多媒体和可视化表达等新技术，以及国际媒体运营发展中的创新商业模式与成功运营管理案例，来总结财经媒体发展中的国际经验，探讨行业成长的未来方向。

第三部分

国际财经媒体内容报道创新

第四章　数据驱动的财经新闻报道

财经新闻报道与经济信息传播的专业性复杂性、媒介环境的快速发展与传媒产业转型所带来的挑战使财经媒体的创新势在必行。本章将从财经媒体内容报道的角度来探讨财经新闻报道在数字驱动时代的创新。数字驱动的财经新闻报道方式能更好地讲述新闻故事，使专业化的财经新闻内容更清晰易懂，也有助于提升与受众的互动，更能够从多个维度来展现新闻事件的发展脉络。因此，数字驱动的财经新闻报道成为财经报道创新中的重要趋势。

一、财经新闻报道

财经新闻报道是对社会经济议题进行追踪、记录、分析和解释的报道。财经新闻涵盖面广，既包括各种规模的公司报道和国家经济政策，也包含个人理财新闻、产业经济报道和当地市场动态报道等。

具体来说，财经新闻按报道对象可以分为三类：第一类新闻包括政府机构的相关决策、报告、活动安排及政策变化等，这些动态和事实的主体没有直接参与市场经济活动，但其行为将对市场产生深刻影响；第二类新闻关注业界动态和现象，作为市场经济最重要的组成部分，各行业、公司的动态是财经新闻不可忽视的报道重点；第三类新闻报道资本、金融领域事件，细分又有保险、股票、基金、债券、租赁、银行等议题。[①]

在经济全球化趋势日益加强的今天，各个国家和地区、各个市场之间的

① 李本乾、李彩英：《财经新闻》，东北财经大学出版社 2006 年版。

联系也更加紧密，一地的政策或市场变化有可能带动全球的市场震荡。在这种背景下，国际财经新闻报道在实现信息互通、维持经济联系上发挥着重要作用。另一方面，普通受众也越来越意识到财经信息的重要性，对财经新闻的需求加大，给财经媒体的报道提出了新的要求。

财经新闻作为专业性新闻报道，具有以下特点：（1）报道的客观性，对事实的准确性和公正性有较高要求；（2）信息的实用性，提供即时的经济信息，有利于公众的经济决策和行为；（3）内容的专业性，报道常常涉及经济学知识和专业数据；（4）面对受众的可读性，报道通常以通俗的形式表达专业内容，以满足不同类型受众的需求；（5）多领域的关联性，报道往往将财经信息与当下政治和经济议题相联系，实现新闻的增值；（6）报道的前瞻性，财经新闻为受众提供可靠判断，也为行业、企业和受众个体的决策行为提供有益参考。

财经报道的一个重要作用，是用易懂的方式向受众传递专业信息，为达到这个目的，媒体除在写作手法上加以注意外，常常借助多元的传播方式。随着信息时代的快速发展，新闻传播方式发生了巨大变化，打破了之前新闻从源头到媒体再到受众的传统模式。在这种背景下，国际财经报道呈现出一些新的趋势，其中最明显的是数据驱动新闻报道模式的出现和不断发展。

二、数据驱动的财经新闻报道

数据驱动新闻（data - driven journalism）指以分析、过滤大数据为基础的新闻挖掘方式，在报道方式上，运用多媒体技术来呈现新闻。公开信息和数据资源是主要驱动力，新闻中用到的数据是公开的，使用的软件、工具也是共享资源。

在报道内容方面，数据为财经新闻的报道提供了新的角度，新闻工作者可以借助数据发现、挖掘和完成新的新闻报道。大数据为新闻报道提供了更宏大的背景和更多的选择。

不同于以往以文字叙述为主的新闻报道，数据驱动新闻的核心是数据。在大数据等技术的支持下，新闻中所需要的信息资源，越来越多地通过自动的方式进行采集，并通过相关的技术进行过滤和分析。新闻生产过程中的信息资源，即新闻中的事实、要素、背景等信息，其来源都发生了结构性的变化。①

三、数据驱动财经新闻报道的价值

数据驱动的财经新闻可以为财经报道和社会公众带来增值效果。数据驱动新闻的制作过程是首先收集数据并进行深度挖掘，然后进行信息过滤，寻找特定信息，之后将其以可视化的方式呈现②，融合成完整作品的过程。在这一过程中，新闻价值一步步增加，如图 4－1 所示。

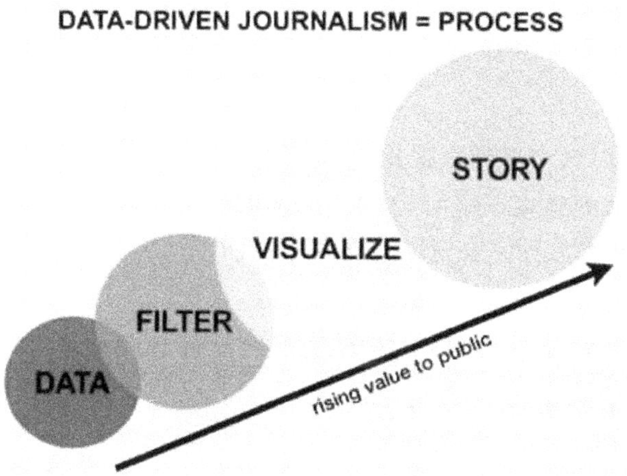

图 4－1　数据驱动的财经新闻

第一，数据驱动新闻可以将报道重点放在数字上。传统的新闻报道形式，一方面对数字的出现有严格要求，过于频繁的数字可能会给受众带来困扰，

① 彭兰：“大数据时代新闻信息资源的结构性变化及其影响”，《中国广播电视学刊》，2013 年第 7 期第 7 页。

② Lorenz M. Data driven journalism：What is there to learn［C］*Innovation Journalism Conference*（IJ－7），Stanford，CA. 2010.

不利于清晰简洁的信息传递；但另一方面，数字是财经新闻报道中必不可少的部分，可以体现报道的准确性，也是分析预测的依据。数据驱动新闻化解了这一矛盾，信息用可视化的方式将数字呈现出来，以直观方式呈现重点信息，借助图片展示数量关系，可以使受众有效地阅读、消化信息。

数据可视化是数据驱动新闻的一种有效呈现方式，它指的并不是简单的信息图表，而是用客观、明了的方法将一些内容复杂、相互关联的数据呈现出来。在信息富饶时代，我们所接触的信息范围越来越广，如何读懂信息是新的挑战；同时，简单呈现海量信息可能会给受众造成无所适从的结果，也给下一步新闻的挖掘和传播带来困难。数据可视化可以有创造性地解决这些问题。正如 Aaron Koblin（美国数据可视化领域的先驱、谷歌数据艺术团队的创始人）所说：数据可视化不是为了使数据清晰化，而是将其情境化；其关键不是单纯地通过专业性软件将现有数据展现出来，而是以这些数据为基础，确定新闻内容的关注点，运用一定的创新型模式将故事更清楚地讲述出来。

彭博新闻社、《华盛顿邮报》、《纽约时报》和《卫报》等媒体在数据可视化方面有成功的经验。图 4－2 呈现了彭博新闻的数据可视化案例。彭博新闻是一个完全靠数据驱动的体系，这也是他们引以为傲的地方。

图 4－2　彭博数据新闻可视化

彭博的数据可视化包含两个部分：互动式数据产品（Interactive Data Products）和信息图像（Infographics）。

互动式图表的主题包括体育赛事、财经新闻和政治新闻等，并保持着不同的更新周期。这些图表主页面十分简洁，但其蕴含的信息量非常大，读者将鼠标放在相应条目上，页面上即会显示详细信息。比如，图 4－3 是一篇题为“各行业的领先企业”的互动式图表报道，列出了广告、航空和国防等 49 个行业领域，并分别将相应的领先企业以条状列出，各公司条块的长度代表其市场份额。将鼠标置于相应企业上，会显示该企业的基本信息，及其在相关领域的市场份额；而点击某一领域的任一企业，则会进入另一个页面，介绍该行业的具体含义和行业总收入，并将上榜的各企业相关财务数据进行更加详细的对比。这种方式信息涵盖面非常广，分析也更加深刻，利用互动式图表的形式，将信息分层展现，使读者能够完全按照个人兴趣选择阅读自己需要的信息，在大数据的基础上达到了很好的传播效果。

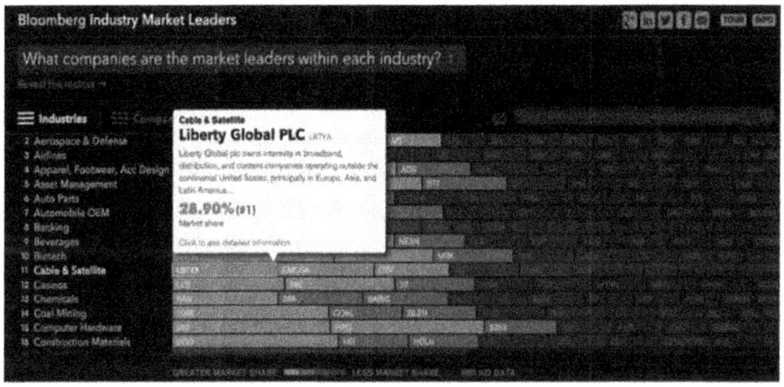

图 4－3　彭博新闻社的数据可视化

信息图像是彭博数据可视化的另一个重要组成部分。这些图表是静止的，作为文字报道的辅助，每一个项目都是由新闻标题、导语、深度报道和信息图表构成，读者可以选择阅读全文，或者直接阅读更加清晰直观的图表。比如，图 4－4 是一篇关于全球大城市人口密度的报道。文章从大城市难以租房或找到停车位入手，标题下方仅用 50 词左右阐述报道的主要内容，然后给出了深度报道全文链接以及图表链接，并将图表置于页面下方。图表中城市圆点的大小代表该城市的人口密度，而颜色则表示1995到2025年人口数量变化，颜色越深人口增加的比率越大。这个图表非常直观地展示出全球大城市人口较为拥挤、工作与生活空间越来越有限的现状。

图4－4　大城市人口密度报道可视化

第二，数据驱动新闻可以更好地讲述新闻故事。这种报道方式通过对大量数据的分析和过滤，把事件发生背后的趋势和意义以融合的方式完整地呈现出来，让受众对报道对象有全面的了解。在大数据的背景下，可获得的信息量大，并且质量参差不齐，因此信息过滤在数据驱动新闻中非常关键。在巨大的数据库中提炼有效信息，完成新闻报道，给新闻记者带来了新的挑战，而可视化的报道方式使数据提炼更有选择性，表现方式也更生动直观。

《华盛顿邮报》在财经新闻领域结合信息图表呈现了很多具有影响力的报道，涉及宏观经济报道、金融投资报道、市场报道和公司调查性报道等。图4－5是华盛顿邮报2010年5月7日头版对华尔街股市震荡的报道，这是一则通过数据可视化来报道财经事件的成功案例。该报当日的头版讲述了华尔街股票市场发生巨大震荡的故事，报道将美股道琼斯指数曲线用鲜明的红色画出来，直观地呈现美国股票市场的剧烈下挫，最终图像的形成是经过对历史数据的抓取和整合而得出的。图表嵌在文字报道中，同时文字也围绕曲线展开，鲜明的颜色和曲线走势使读者在最短时间内获得了生动的画面，甚至不需要读取文字报道或查看详细数据就能得到重要的主体信息。

The Washington Post

Chaos on Wall Street

Amid wider turmoil, unexplained plunge briefly leaves Dow off nearly 1,000

Electronic exchanges under scrutiny after wild momentary price swings

THE CONTAGION EFFECT

As Greece falters, investors worry trouble will spread across Europe

Suspect made 'gradual' shift

'RELIGION AND ANGER'

Radicalization began years ago, officials say

A complication in terrorism probe

A full-bore effort by Republicans

Opinions

Conservatives hold edge in British vote

图 4-5　华盛顿邮报华尔街股市报道

第三，数据驱动新闻使财经报道更清晰易懂。数据驱动新闻最注重的是用户的实用性和作品的效用①。可视化的报道方式，使不同认知水平、不同兴趣爱好的受众都可以接收财经信息。一方面，数据驱动的财经报道将重点信息及相关领域的联系直观呈现，另一方面，数据驱动报道生动形象地对复杂的经济概念加以阐述，使受众不会受到专业术语和大量数字的困扰，愿意阅读财经新闻，并且能够有效地获取所需信息。

图 4-6 是美国《商业周刊》关于美国不同地区居民对于房价变化感受的报道。报道中使用饼状图，将西部、中西部、南部和东北部四个大区居民对于房价变化的认知呈现出来，纵向、横向的对比都非常直观。每块饼状图下面是房屋价格的实际变化，可以看出，每个地区的房价实际都在降低，而当地居民感受到准确价格变化趋势的却不超过三分之一。虽然数据抓取的过程很复杂，但这则图表十分简洁，最终呈现的图示直观地列出了主要数据，

① 祝建华：什么是“数据驱动新闻”，http://media.people.com.cn/n/2012/0718/c120837-18543914.html

对读者来说清晰易懂。

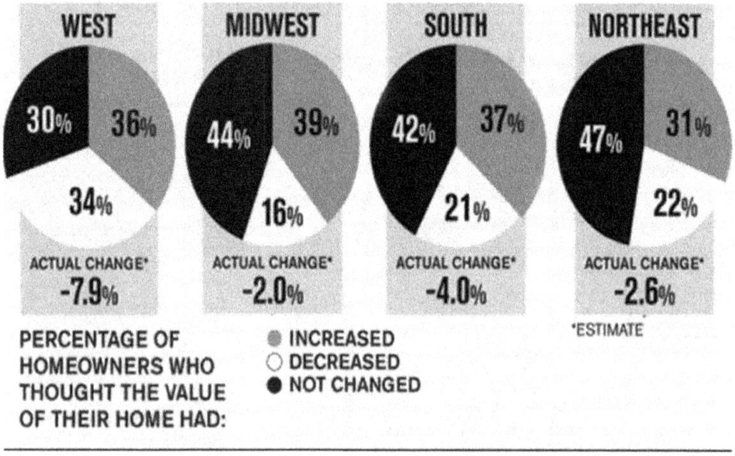

图 4-6　商业周刊房价报道

第四，数据驱动的新闻更加注重互动。交互性图表的使用，在优化用户体验的同时，可以将更多的信息融合进去。虽然使用可视化的方式已经在很大程度上省去了文字需要，但一些覆盖广泛的地理区域，或是较长历史时间的报道，仍需要呈现大量信息，将所有信息堆砌在可视化报道中反而会令受众感到困惑。这种情况下，使用互动性的可视化呈现方式，将一些具体信息隐藏在图表下，受众可以选择是否去链接这些内容，这样保证了报道的简洁，也提供了充足的信息，同时也给受众选择和参与的机会，大大提高了传播效率。

《纽约时报》也非常重视互动性数据新闻，并在 2014 年推出了全新栏目“The Upshot”，主打数据驱动新闻。该栏目的报道焦点在政治经济领域，负责人 David Leonhardt 认为该栏目的主旨是通过数据的抓取、选择和呈现，提供背景，使用交互型数据，使读者获悉复杂精深的政治经济信息。该栏目成立时，有 15 名员工，其中三位是全职图表设计记者。目前，“The Upshot”的报道范围已不仅仅局限于严肃的政经话题，而延伸到体育赛事、社会生活等方面。下面两个例子，就来自于该栏目的互动性数据报道。

图 4－7 呈现了《纽约时报》在 2014 年 6 月 26 日于“The Upshot”发表的题为“美国生活最困难的地方在哪里?”的报道①。该报道由一个互动式图表开始，接下来是文字报道，中间嵌入了 12 张图片幻灯片。报道将美国 3135 个城市的相关数据列出，利用交互的方式，读者将鼠标放在地图上某城市的位置，便会显示该城市的“困难指数综合排名”以及平均收入、大学入学率、失业率、残疾人比例、平均寿命和肥胖率等数据。“困难指数综合排名”是根据上述六项数据的分别排名，平均得出的综合排名。报道指出，位于肯塔基州的克雷县是美国生活最困难的地区。大部分生活困难的地区都在农村，排在前 20% 的没有一个是大城市，这篇报道在一定程度上反映出了美国农村的社会问题。除了交互式图表，文中也插入了一组照片，将生活困难程度排名靠前的几个区域的现实状况呈现出来，让读者有更加直观的了解。

报道中的互动式图表十分简洁明了，但其背后的数据库巨大，包涵 3135 座城市的六项数据指标。读者可以选取自己感兴趣的城市查看具体信息，通过这样的方式，大大提高了阅读效率。利用使用互动式图表，海量的复杂信息可以用简洁的方式分层呈现出来。

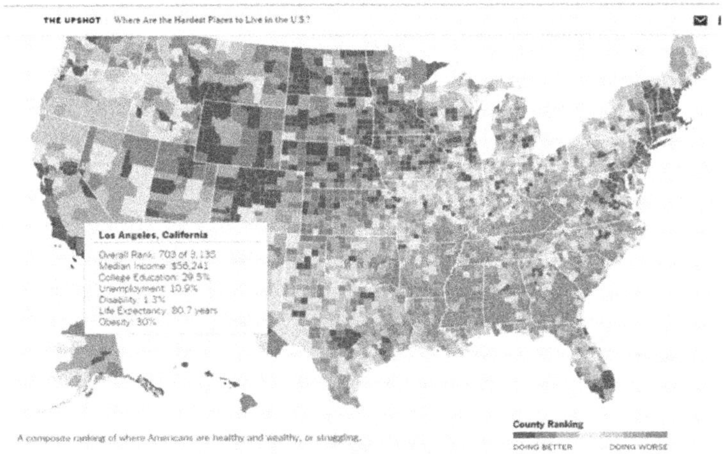

图 4－7　美国城市指标排名

① Where are the hardest places to live in the US? http://www.nytimes.com/2014/06/26/upshot/where-are-the-hardest-places-to-live-in-the-us.html? abt=0002&abg=1

图4-8是《纽约时报》题为“租房好还是买房好?”的报道[①]。这则报道也利用交互式图表，来帮助受众作出买房还是租房的个人决策。报道由导语开头，指出租房还是买房是个人理财的一个重要问题，而权衡二者又十分复杂，因此本文旨在通过互动，为读者提供合适的决策方案。导语的最后是文字报道的链接，接下来呈现交互式图表。

与上文提到的交互式图表不同的是，这篇报道有非常强的针对性。图表主要由八个问题组成，每个问题都各自包含一个互动图，读者通过回答每个问题，将个人情况与住房意愿反馈给网页，经过一系列计算，网页会在右边给出一个边际价格，若房屋月租金低于该价格，则建议租房，高于租金价格则建议买房。这些问题包括计划居住时间、贷款细节、房屋价格、未来价格变化、税款以及维护费用等。在图标的下面，该报道给出了边际价格的计算方法，不仅考虑了房屋购买和租赁的各种成本，还加入了机会成本的计算。

该报道有非常强的实用性，同时也对进入房地产市场须考虑的因素进行了总结和阐述，成功地将财经新闻与读者个人需求结合起来。

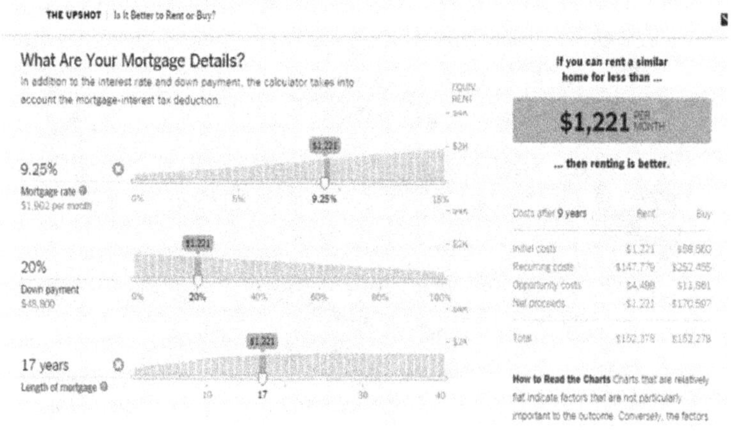

图4-8 租房或买房计算可视化应用

① Is It Better to Rent or Buy? http://www.nytimes.com/interactive/2014/upshot/buy-rent-calculator.html? abt=0002&abg=1

图 4－9 是来自于“The Upshot”的另一篇报道，同样利用数据工具，极大地提升了受众互动的体验。这是一款关于“金融计算器”数据应用产品，由于其良好的互动性，受到用户，特别是大学生用户的欢迎。①网站用户只要输入就读学校的名称、贷款利率和预计还款的年限，就能够得出相应的数据结果。

如图 4－9 所示，在计算器的输入栏中输入院校名称后，“The Upshot”通过用美国教育部公开信息搭建的数据库，找到该校学生的平均贷款额，据此计算出后续结果。在图 4－10 中，左边的结果栏显示了学生毕业后的每月还款金额、总计还款金额、利息总额、贷款本金和还款期限；最右边的栏目解释了为支付学生贷款需要达到的收入水平；中间的图则直观地展现了 10 年间剩余还款中本金与利率比例的趋势。

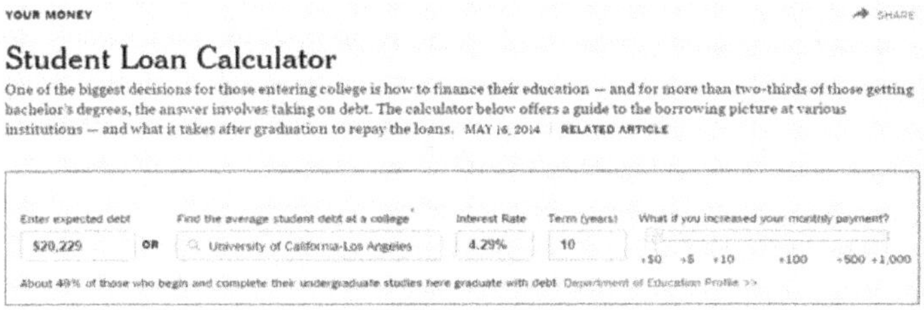

图 4－9　学生贷款计算器输入栏

第五，数据驱动新闻可以从多个维度展现新闻事件的发展脉络。除上述的互动性图表和信息图像外，很多报道采用时间轴（timeline）的方式，以线性时间轴来展现新闻事件的发展，对于新闻报道有很好的背景补充作用。这种时间轴大部分采用互动的方式，由受众自主拖动轴线，选择阅读的顺序和速度，在不同的时间节点呈现相应的报道。这样一来，受众便得到了全景式的信息，信息传播也达到了更好的效果。

图 4－11 是《纽约时报》2015 年 4 月 2 日的报道。当时纽约时报在其网

---

① The Upshot，http：//www.nytimes.com/interactive/2014/your－money/student－loan－repayment－calculator.html？ref＝business

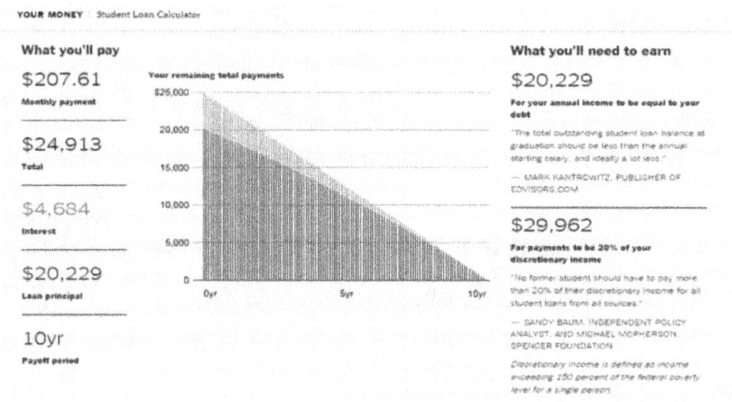

图 4-10　学生贷款结果分析

站的“中东新闻”板块刊登了一个名为“伊朗核项目时间轴线”的文章①，将伊朗核问题的产生、发展以及现状以时间轴的方式呈现出来。图中重要事件节点用空心圆标出，读者点击这些点标示，页面便会出现200字到500字不等的相应文字报道，配以图片或者视频。

图 4-11　伊朗核武器项目时间表

① Timeline on Iran's Nuclear Program. http：//www. nytimes. com/interactive/2014/11/20/world/middleeast/Iran - nuclear - timeline. html? _ r =0

伊朗是否在扩充其核武器实力是西方极具争议的一个问题，美国和以色列对该问题尤为关心。但伊朗核问题是一个具有历史沿革的问题，要将这个清晰地展现给受众，补充一定的背景知识是必要的。这篇时间轴报道就以时间为主线，列出了七十多个重要时间节点，梳理了伊朗核问题的背景。20 世纪 50 年代，在时任国王穆罕默德·礼萨·巴列维的领导下，开始了民用核项目，该项目是通过当时美国的艾森豪威尔政府的“和平利用原子能”计划达成的，美国同意为德黑兰提供核研究反应堆和动力装置。从时间轴可以看出，自 20 世纪 50 年代到 2002 年，时间节点比较稀疏，这段时间伊朗签署了《不扩散核武器条约》、伊朗建立自己的原子能组织，引发美国担忧；1979 年发生伊斯兰革命，政局动荡，美国停止向伊朗提供核反应堆需要的铀；伊朗与伊拉克在 20 世纪 80 年代的战争改变了伊朗对于核项目的看法，同时该国重启了核研究。

从时间轴可以看出，进入 21 世纪以来，尤其是近五年，伊朗核问题有了很多变化，与西方在该问题上有了更多互动，这也正是新闻在这段时间内列出如此多关键节点的原因。这篇报道在 2015 年 4 月 2 日伊朗与欧洲国家达成协议时，进一步更新，伊朗限制其核武器发展，美国与欧洲国家停止对伊朗的制裁，但关键问题仍未解决，因此文章开放了进一步更新动态的功能。

这篇以时间线为主轴的报道，实际上融合了多种多媒体报道方式。时间轴始终停留在页面上方，读者可以自主选取想了解的时间点，或者直接依报道的排列顺序依次阅读，给了受众很大的选择空间。每个小块的报道都是以文字为主，辅以一张图片或一个视频，保证了报道结构的简洁，同时报道篇幅短，仅将重点信息列出。这样一来，大信息量数据以一种简洁明了的方式呈现，大大增强其可读性。

下面一篇报道也应用时间轴显示事件发展。在 2015 年 8 月初中国人民银行宣布以 20 年来第二大单日调整幅度下调人民币汇率中间价之后，“The Upshot”推出了题为《中国是如何稳定经济形势》的报道。[①]报道首先分析了受

① The New York Times, http://www.nytimes.com/interactive/2015/08/11/business/international/china-yuan-devaluation-in-exports-economy-stock-market.html

人民币贬值直接影响的利益相关方，以时间轴的形式展现了 2009 年 1 月至 2015 年 8 月美元对人民币的汇率变化，如图 4－12 所示。接着，图 4－13 解释了中国支持和重振股票市场的意图及几个月内中国股市的变化情况。图 4－14则通过颜色深浅的对比直观地呈现了 2015 年 7 月 7 日大部分公司停盘的状况。

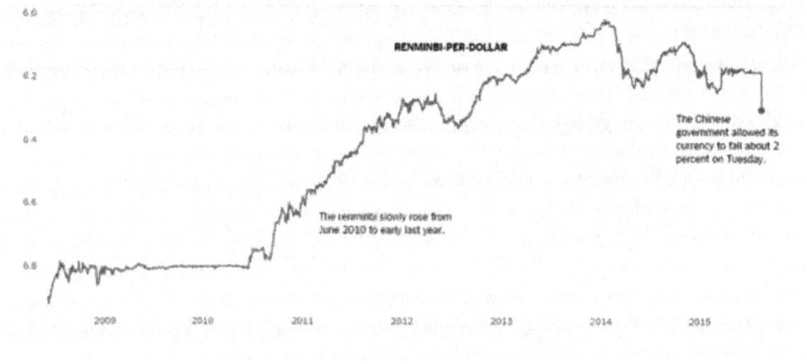

图 4－12 时间轴显示汇率变化

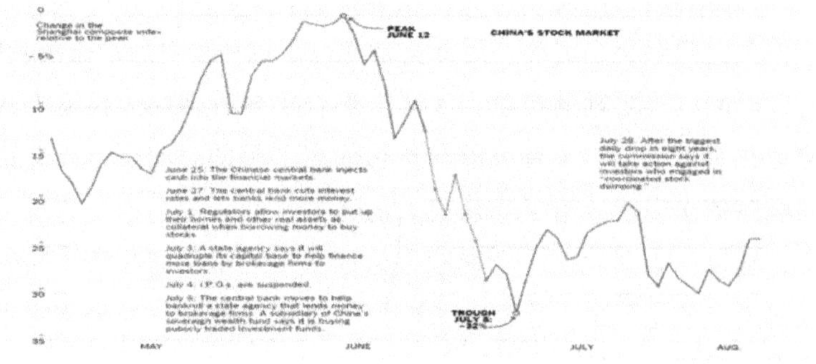

图 4－13 时间轴显示股市趋势

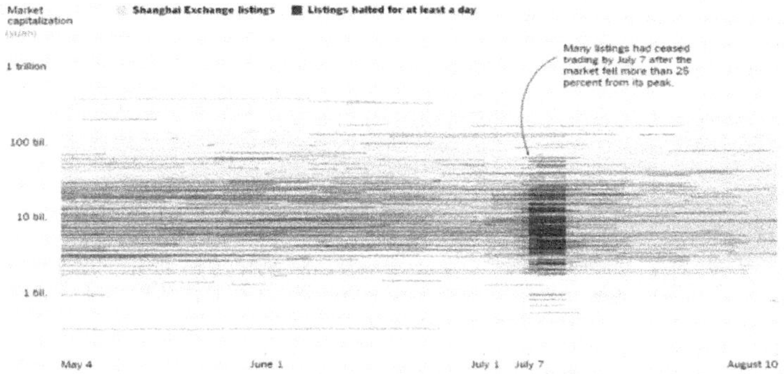

图 4-14　时间轴显示上市公司停盘情况

以上案例显示了数据在财经新闻报道中的不同应用方式。数据驱动的财经新闻报道方式以大数据为基础，对信息和数据进行深度挖掘和精细过滤，并通过可视化的方式呈现。数据对于新闻报道，特别是财经新闻报道非常关键，从数据入手的报道方式实现了形象明了地用数字讲故事，使报道更加清晰深刻地反映媒体和受众诉求。同时，互动的报道形式也给受众更多的参与感和自主性，大大提高了其阅读体验和信息传播效果。

第五章　沉浸式多媒体融合报道

沉浸式多媒体融合报道是财经新闻报道中的另一趋势。沉浸式新闻报道（Immersive Journalism）最初是指为受众提供第一视角体验的报道方式，其核心思想是提供一种新闻现实的虚拟场景，使受众进入其中，并以身临其境的方式从视觉、听觉乃至心灵感受方面，获得对新闻事件的认知。

近年来，随着多媒体技术的发展，沉浸式报道呈现出新的形态。越来越多的媒体使用视频、音频及图像相融合的方式，借助数据创造新闻事实的虚拟场景，以互联网为平台，为受众提供沉浸式的多媒体融合体验。相对以往单纯的文字或视频报道，这种报道方式兼具了形式生动和内容深刻的特点，使读者和观众可以“更加接近事实”。

一、数据可视化的沉浸式报道

对于新闻报道尤其是财经新闻报道来说，数据起着至关重要的作用，然而对很多受众来说，数字却是抽象的、专业化的。如何将数据更清晰形象地呈现给受众，是财经媒体面临的重要问题，数据可视化的沉浸报道方式则是近年来解决这一问题的一种有效方法。数据可视化结合沉浸式的报道方式，以数据创建新闻场景，采用多媒体的融合性报道手法，使读者对数据有更加清晰的认识，对新闻事件也有更准确的把握。

图 5－1 来自于《纽约时报》，该报于 2015 年 3 月 18 日在其网站上发布了题为“预测经济未来走势的 3D 图：国债收益率曲线”的美国国债收益率

的 3D 显示图①。国债收益率曲线是研究、分析和预测宏观经济的重要指标，每条线的陡峭程度可以反映当前主流经济体对于未来经济发展走向的判断和预期。

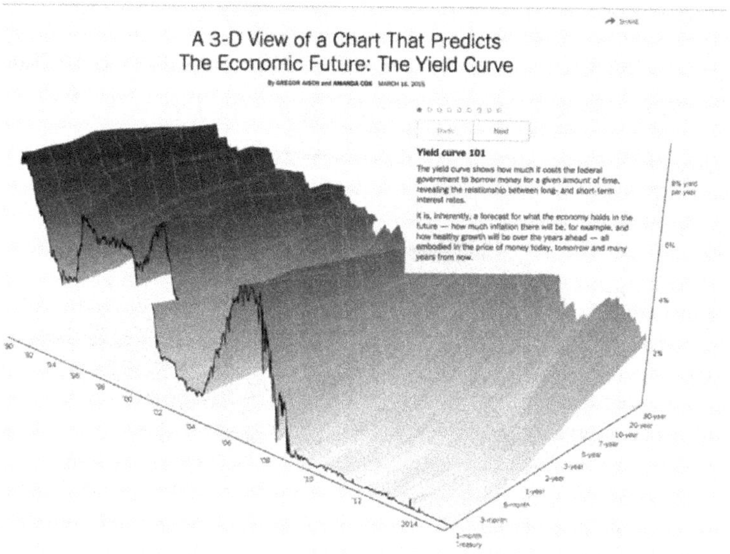

图 5－1　国债收益率曲线

这一报道主要围绕一幅 3D 曲线图，辅以聚焦该图细节的五幅图，以及德国、日本情况的三幅图，每幅图配有 50～100 字不等的简单说明。点击图表右上方文字可以选择不同图表来进行查看。图 5－1 是二十五年间每天不同到期年限国债收益率的总体情况 3D 图，每一条线反映的就是每一天的国债收益率曲线。图 5－2－A 展示了报道发布当天为止国债收益率曲线，文字说明指出，当天的短期和长期国债收益率均低于大部分历史同期水平，仍然受到经济危机余波的影响。此外，收益率曲线较为平坦，说明投资者预测未来经济将缓慢增长。左下角的注释指出，短期的收益率基本与美联储设定的利

① A 3－D View of a Chart That Predicts The Economic Future：The Yield Curve，http：//www. nytimes. com/interactive/2015/03/19/upshot/3d－yield－curve－economic－growth. html

率一致。图 5 – 2 – B 着重分析了收益率较低的几个点：由于经济颓势，2008 年至 2015 年美联储一直将短期利率控制在比较低的水平，接近于零，相应地反映在图上，即为短期国债收益率走低。较低的利率可以通过鼓励人们贷款来刺激经济增长，但同时也可能带来通货膨胀。报道发布时，美联储已放出消息，计划于当年 6 月提高利率。图 5 – 3 – C 承接图 5 – 2 – B 提出的提高利率话题，指出美联储上一次提高利率还是在 2004 年，2004 年到 2006 年短期利率呈缓慢增长，但长期利率并没有显著提高，因为在一定程度上，国债有相当大的海外需求，而这种现象引起了人们对于美联储掌控经济局势能力的质疑。图 5 – 2 – D 着重说明了二十五年间长期利率的变化情况，以十年期的国债曲线为例。一方面，国际市场的大量需求使得最近长期利率保持在较低的水平，另一方面，新的政策鼓励银行持有政府债券，并且经济形势可能长时间持续走低。从以上可以看出，十年期的国债收益率与其在 2012 年 7 月的数值基本持平，其后鲜有增长。一些经济学家称这种经济现象为“新常态”。图 5 – 2 – E 以俯视的角度看涉及的长期国债收益率。图 5 – 2 – F 以德国国债收益情况为例，展示了与美国联系紧密的欧洲国家的经济状况。德国国债收益率甚至比美国更低，近期欧洲中央银行所购的国债收益率为负数。图片的说明文字指出，现在购买德国的七年期国债，持有至 2022 年的投资者，基本上都做好了赔钱的打算。图 5 – 2 – G 转换图表视角，继续说明德国的经济情况。一些投资者认为利率会持续下降，或者未来汇率的变化会使其有利可图。还有一些投资者依法必须持有债券，另外一些则认为未来经济很有可能出现通货紧缩，将有利于推高真实利率。在报道的上月，德国的十年期国债收益率低于日本。图 5 – 2 – H 展示了与美国和德国曲线走势有所不同的日本的国债收益情况。日本常年受通货紧缩影响，国债收益持续走低。与日德国债收益率相比，美国的收益率实际上在工业化国家中是比较高的。最后，报道总结：根据这几个国家的国债收益率分析，预期国债市场未来几年将会经历缓慢增长和低通胀率。

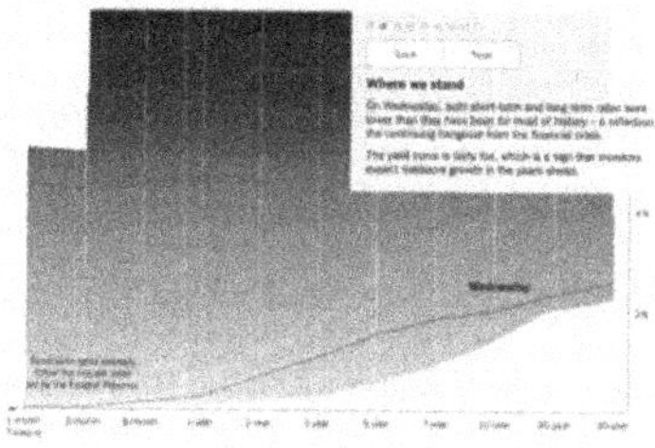

图 A

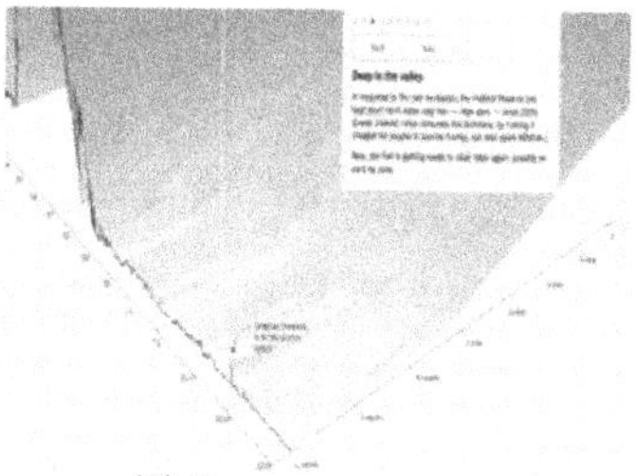

图 B

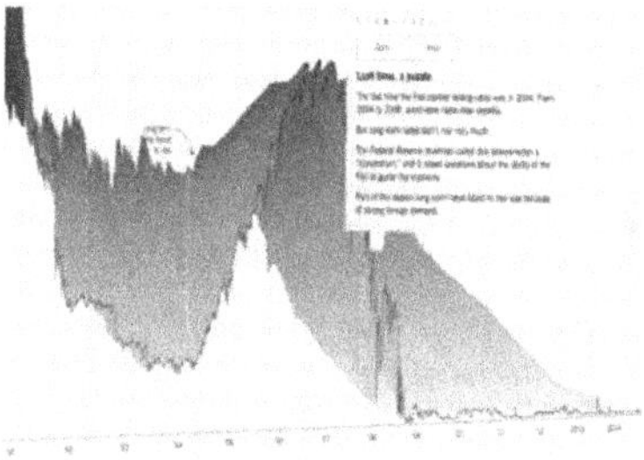

图 C

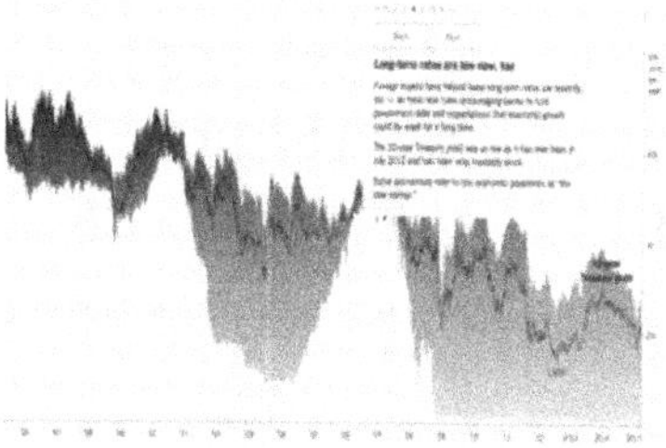

图 D

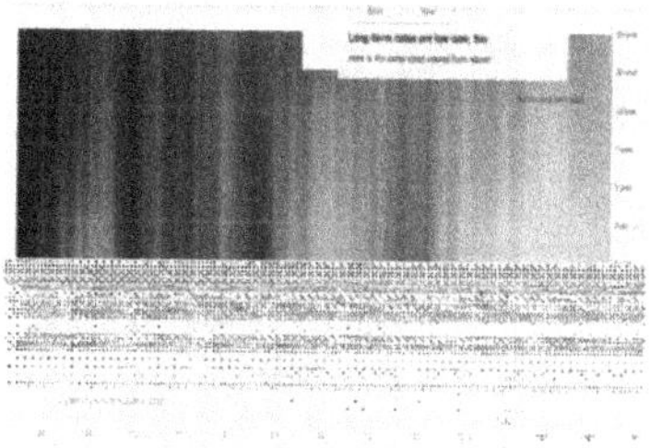

图 E

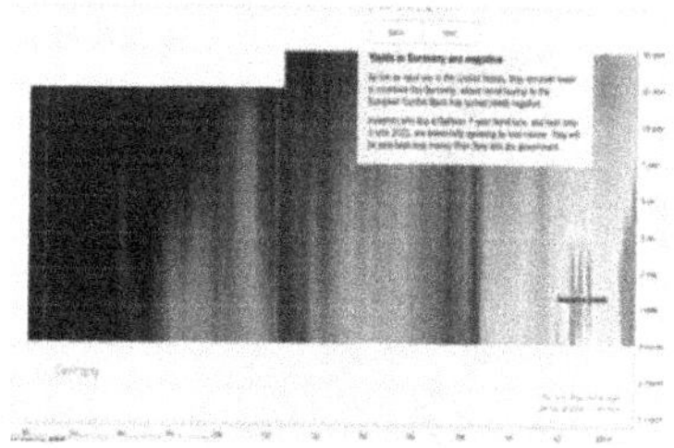

图 F

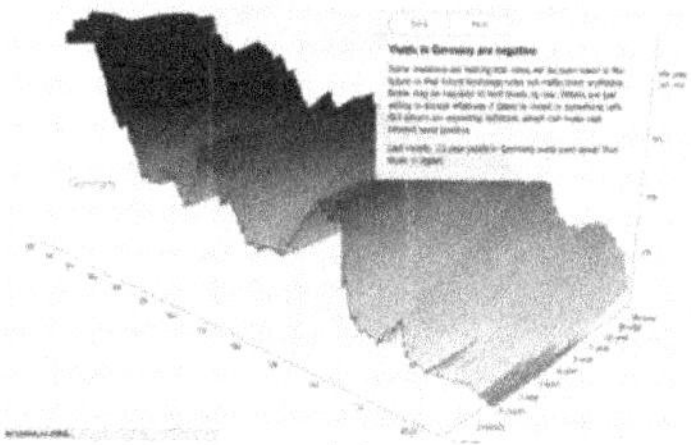

图 G

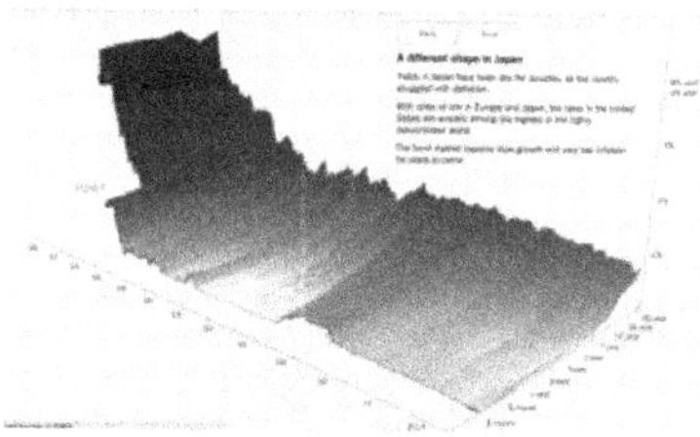

图 H

图 5－2　国债收益率变化图

国债收益是判断宏观经济发展的重要指标。国债交易员每天看到的大多是当天国债市场收益率的走向和当天市场总体上对于未来短期和长期的判断，而这篇报道中的3D曲线图将1990年至2015年每天不同到期年限的收益率呈现出来，通过对过去数据的分析，来预测通货膨胀率和经济发展等未来经济走势。同时，这篇报道也通过德国和日本的国债收益情况展示分析了全球经济走势。国债收益率与利率联系紧密，因此该图在一定程度上也可以反映美国短期利率与长期利率的关系。这样一来，这个宏观经济的分析报道实际上也与普通公民的经济活动息息相关，对读者有更大的吸引力。

图5-3来自于香港《南华早报》。该报在2015年2月13日发表了题为"追踪'鬼城'——中国下一波无人居住的'新城区'在哪里?"的数据可视化系列报道①。报道以贵阳新兴房地产项目空置率高的现象引入，通过数据收集和整理，采用经济学者的指数计算方法，将不同城市未来五年成为"鬼城"的几率以不同颜色标示在中国地图上。

图5-3　南华早报新城区报道

随着城市化进程的推进，出现了越来越多新规划的和高标准建设的城市新区，然而有些新的地产项目空置率高，鲜有人居住，因此被称为"鬼城"。报道开头以五张照片和一段文字报道了贵阳近期完工的耗资900亿元人民币的房地产项目，专家担心这个旨在吸引50万住户的大型地产项目会成为"鬼

① Chasing Ghosts: Where is China's next wave of empty new towns? http://multimedia.scmp.com/china-ghost-towns

城”。接下来，文章运用图片、视频和文字融合报道的方式，分析了目前中国一些城市存在的“鬼城”现象。中国“鬼城”现象的出现，多数是由于地方政府为提高 GDP、达到城镇化目标而盲目批准上马的项目。一些中小城市希望通过建设新的地产项目来吸引更多外来人员，然而有限的经济发展水平和工作机会则使其愿望落空，造成大量房屋闲置。

中国近年来过热的城市化进程引发人们对于“鬼城”的疑虑，去年里昂证券（CLSA）发布了一份关于中国“鬼城”现象的深度分析报告。该报告对 12 座中国城市的 609 个建筑项目进行调查，得出的结论是：中国 2009 年至 2014 年间完成的建筑项目中，平均空置率为 15%，约为 1020 万套房屋。值得引起关注的是，偏远地区的低价房屋空置率更高达 17%。

接下来，该报道指出，对于城市的房屋空置率，中国政府没有官方数据，专家和学者也尚未得出统一的科学计算方法。这篇报道基于经济研究员陈勤（Chen Qin，音译）提出的实验性计算模式，将中国各类型城市成为“鬼城”的可能性计算出来，称为“鬼城指数”，并整合标示在地图上。该计算方法主要考虑两大因素：未来房屋供需比率，以及现有房屋的供需情况。该指数使用了中国每个城市未来五年的土地出让量作为参数，这个数据在一定程度上代表了房屋新建量和人口变化程度，包括从农村迁入的人口和本地迁出的人口。同时，该指数用人口的额外增加量或减少量来计算这个城市未来五年有可能的房屋需求量，并与现有的房屋存量加以对比，得出计算模型。计算中涉及的数据均来源于住房和城乡建设部和 2010 年的全国人口普查。

该报道将涉及的城市分为四个大城市（北京、上海、广州、深圳）、若干一级城市、二级城市、三级城市和更小城市，圆点大小表示不同的城市规模。根据图解，每个城市的色点颜色越暖，越接近红色，就代表这个城市在未来五年产生“鬼城”的风险更高。该图采用互动式设计，除总的分布图外，读者可选择不同的城市类别进行查看，光标移动至代表某城市的圆点，即会显示该城市人口数量和“鬼城指数”，既让读者看到了全国整体局势，又提供了各个城市的数据，信息非常全面。从图中可以看出，鬼城多集中于中国东北部，“鬼城指数”最高的是鄂尔多斯，这个结果也被 CLSA 的报告所证实。

该报道的结尾指出，一些研究员对于给城市贴上“鬼城”标签十分谨慎，中国房地产决策咨询系统在其2013年关于“鬼城”的报告中指出，仅靠短期房屋过量供给便认为该城市为“鬼城”是不合理的。结尾呼应了开头所说的贵阳的例子，指出贵阳作为省会城市，有能力吸引更多的外来人员，因此它成为“鬼城”的可能性并不大。

这篇报道采用图片和视频融合的沉浸式报道方式，以第一视角拍摄相关城市现状的照片和视频，使读者在阅读时有更切身的体验。同时，该报道基于大数据，通过背后复杂的运算，最终为受众呈现清晰简洁而又信息完全的互动式图表。

二、视频融合的沉浸式报道方式

视频融合的沉浸式报道方式将视频与互动结合起来，是一种新的融合型新闻报道方式。在这种报道模式下，受众不必拘泥于作者的叙述顺序，可以按照自己的喜好和兴趣，选择想要了解的内容，打破了传统的线性视频新闻呈现规律，体现了以下优势：

第一，视频融合的报道方式聚集了海量信息。通常这种报道方式会结合图像、声音、照片、动图等多种形式传递信息，多管齐下，增加了呈现的信息量。同时，受众可以根据自身需求选择愿意深入了解的内容，使信息的价值被最大化利用和最有效传播。

第二，用交互体验的形式呈现。视频融合的报道方式赋予受众以充分的参与机会和选择权，使其可自主决定阅读的顺序、内容、速度和形式。同时，多媒体报道方式的使用也增加了新闻报道的可读性。

图5-4展示了来自于《纽约时报》的案例，这是该报题为“A Game of Shark and Minnow”的一则报道①，用视频融合的方式报道了中国与菲律宾在南海的岛屿争端。

全篇文章是以记者随菲律宾船考察仁爱礁（菲律宾称为阿云金礁）的经

① A Game of Shark and Minnow, http://www.nytimes.com/newsgraphics/2013/10/27/south-china-sea

历为主线，结合两国争端的历史背景和现实状况等信息而完成的政治经济类报道。报道由八部分组成，每部分都有视频、动图、图片和文字信息。第一部分报道以三个配有文字的视频开始，分别介绍了南海概况、争议岛屿位置及其现状。第二部分介绍了争议的历史由来，以卫星地图的方式将南沙群岛的控制情况展现出来，并且陈述了各国的利益主张。这部分指出，争议岛屿附近石油、天然气和渔业资源丰富，具有重要的经济战略意义，也是成为各国争夺焦点的原因之一。第三部分阐述了中国对待争议岛屿的态度。第四部分讲述了菲方“坐滩”据点57号坦克登陆舰上菲方士兵的生活状况。第五部分中，记者参观了马欢岛，在这个岛屿上只有11个菲律宾士兵，反映出菲方对争议岛屿的态度。第六部分从第三方的角度指出，由于各方争议，该区域的局势十分紧张。第七部分记述了记者一行遇到暴风雨的经历，这部分嵌入了一张乌云压境的照片，也播放了暴风雨中船只漏水的视频，映衬了全文营造出的紧张氛围。第八部分叙述记者乘菲方飞机离开了该区域，这一部分将实景与卫星地图结合，辅以高空拍摄的渔船作业照片，对整个南海局势进行了总结。

这篇报道采用了十二个视频，均为记者在前线录制，为读者展现出菲方人员在争议区域的生活状况，以及该区域局势的紧张性。中菲的岛屿争议其实是一个很复杂的问题，背后的历史、经济、政治原因非常繁琐，以往的报道即使配以图片，也很容易使读者感觉枯燥。虽然这篇报道在意识形态层面和事实定位层面都有明显的偏向美方和菲方利益之嫌，但是单就报道技术本身来看，这篇报道是比较成功的沉浸式多媒体技术应用的阐释。报道通过视频的融入，从视觉和听觉上为读者呈现了系统的信息，文字与图片、视频穿插，也使读者能更长时间的保持阅读兴趣。同时，浏览速度完全掌握在读者手中，视频自动播放，并且在页面顶端将不同部分列出，读者可自行选择阅读。

图5－5是来自于英国《卫报》的案例。该报以原美国中央情报局（CIA）成员爱德华·斯诺登披露的美国国家安全局（NSA）的“棱镜”监听计划为基础，对政府监控进行报道和反思，运用多媒体的报道方式，呈现出

图 5－4　《纽约时报》的中国南海报道

了一篇非常成功的专题性报道①。

图 5－5　英国《卫报》关于解密美国国家安全局的报道

这篇报道由六个部分组成，每个部分都由文字报道、视频和图表构成。值得一提的是，这篇报道中的所有视频都是人物采访，并且将人像置于白色

① NSA Files: Decoded What the revelations mean for you. http://www.theguardian.com/world/interactive/2013/nov/01/snowden－nsa－files－surveillance－revelations－decoded

背景上，非常简洁，但却具有很强的冲击力。报道开头是一个二十七秒钟的简短视频，展示了文中涉及的六位采访者，引用了两位受访者的原声，分别陈述对政府监控行为持支持和反对态度，并给出了每位受访者的姓名、职业、受访地点及时间。

报道的第一部分呈现了各方观点，包括 NSA 局长、各国政要、商界人士等，并且指出监听计划可以获得海量的公民个人数据，带来安全隐患。第二部分标题为“关于你的数据的所有数据”（All the data about your data）。这部分指出，关于政府监听行为的争论关键在于“元数据”的概念，支持方认为政府只是获得公民的通话时间、地点和对象，并没有获取信息和内容，因此是合理的；而反对方则认为对“元数据”的获取已经可以形成一个巨大的数据库，并且侵犯了公民隐私。这一部分还使用了互动式图表，将人们常使用的社交工具、通讯工具列出来，每点击一种工具下面便出现政府可能会通过这种工具获取的公民信息，以此表明我们“分享”的信息可能比想象中的要多。第三部分题为“数字革命”（A digital revolution）。这一部分指出，过去十年监听项目广为扩张的原因主要有两个，一是“9·11”袭击后对于恐怖主义的恐惧，二是由数字革命带来的网络与移动电话的普及。这使得 NSA 可以与通讯公司合作来获取其客户的通讯信息。这一部分呈现了五段采访，均对政府与技术公司合作来获取公民数据的做法表示反对。其中一位是拒绝与政府合作的技术公司总裁，但结局是该公司的安全网络被政府攻破。第四部分题为“你的信息细节安全吗?”（Are your details secure?），美国民众使用数据加密的方式确保其上传于网络的数据的安全性，但 NSA 可以对这些加密方式进行破解，因此人们的信息并不如想象的那样安全。这部分详细介绍了 NSA 的破解方式，同时介绍了两种较为安全的加密方式——Tor 和 PGP。第五部分题为“谁在监管?”（Who's watching?），这一部分解释了 NSA 监听现象产生的深层次的政治和法律原因，受访人指出这威胁到公民隐私、国家民主以及整个政府体系。报道的最后一部分题为“现在情况如何?”（What now?），指出斯诺登引发的争论对多个领域产生了影响，这部分引用了皮尤 2014 年 7 月底发布的调查结果，发现美国民众对于政府侵犯隐私的担忧甚于对恐怖主义的担忧。这部分重点分析了事件曝光后各方应采取的措施，包括法律的、技术的和政治的等各方面的措施。最后引用参议员罗恩·韦登（Ron Wyden）的说法：事件曝光后，政府会大力宣传其在隐私保护方面作出的努力，但归根结底，只有实质意义上的改革才是民众所需要的。报道的末尾给出了其他相关报道的链接和本篇报道涉及的采访视频，供读者进一步阅读。

斯诺登向《卫报》披露了“棱镜计划”，使该报成为第一个曝光相关文件的媒体，因此对于这个事件本身，《卫报》掌握了大量的第一手材料。然而这个专题性报道没有局限于事件本身，而是将公民信息安全问题扩展开来，详细描述了 NSA 的运作方式、政府监听事件出现的原因、各方的反应以及事件披露造成的影响。六位受访者的采访视频则根据报道的展开被剪辑成一个个 20 秒左右的小片段，并置于相关位置，将整篇报道串联起来。采访对象包括国会议员、前 NSA 总顾问、技术人员和“棱镜”事件的主要报道者等，涉及不同角度、不同立场，使得整篇报道显得更加平衡客观。

视频的嵌入使整篇报道“活动”起来，使这些严肃、沉重的信息更易接受；并且所有视频的格式和表现模式统一，都是受访人的上半身，直接嵌入白色报道背景中，给读者带来更好的阅读体验。

图 5-6 是来自于德国《ZEIT》（《时代在线》）的案例。该网站在 2014 年 10 月 29 日推出题为“分裂的国家”的报道[①]，以纪念 10 月 3 日德国国庆节。这篇纪念德国柏林墙倒塌 25 周年的专题报道，从多方面对比了柏林曾经处于东西德地区的现状，并在文字报道中穿插了图表和视频。

这篇报道由两个互动式地图、四个信息图像、两个视频和文字报道构成。报道的导语指出，1989 年柏林墙倒坍后，德国采取很多措施来消除冷战的伤疤，然而从数据上来看，东德的痕迹依然存在。

报道的第一个互动式图表，从收入、农业、枪支拥有量、汽车拥有量等方面对德国不同地区进行对比，图表上色块颜色越深，则代表该项数据数值越大，从该图上很明显地可以看出前东德和西德的轮廓，说明即使在德国恢复统一 25 年后的今天，冷战的痕迹依然明显。接下来，文章对比了柏林的过

① A Nation Divided，http：//zeit. de/feature/german - unification - a - nation - divided

图 5－6　德国在线柏林报道

去与现在，运用视频将画面分为两半，一半为当下景象，另一半是历史样貌，非常直观形象地为读者展示了柏林 25 年来的变化。然后，文章用信息图像的方式呈现了两个地区居民的旅游地偏好；用与上文互动图表一样的方式，描述了两地居民在接种流感疫苗、平均寿命等健康方面的数据。下面的一个类似的互动图表则展示了德国方言的多样性，分别以订书机、塑料、屠夫、烤鸡这几个词为例，用不同颜色表示不同表达方式的地区，仅烤鸡一个词就有四种不同说法，并且每一种都有较大区域在使用。接下来，文章又使用两个信息图表，指出前东西德地区在足球俱乐部和家电拥有量等方面的差异。报道旨在展示原东西德地区现今仍存在的巨大差异，启发读者深入思考。

整篇报道所运用的图表和视频，都穿插在文字中间。报道的一大特色是没有长篇幅的文字报道，基本都是一两段文字，后续一个与该段文字内容呼应的可视化展示。文字与可视化交替出现，大大增加了文章的可读性。文中图表都与文字内容一致，但数据更为详尽具体，因此对文字报道来说是非常好的补充方式。报道中的图表大多旨在展示当今状况，而两个视频则很清晰直观地呈现了 25 年以来的变化，是对主题最好的呼应。

除了可视化技术的运用，视频融合报道也常常采用与卫星图像相结合的方法。这种技术在设计地理区域的报道中尤为常见。

图 5 - 7 是来自于 ProPublica 的案例。这篇报道运用文字与卫星互动式地图相结合的方式，讲述了美国路易斯安那州的德拉克罗瓦地区，由于过度的能源开发和堤坝建设，湿地被河流淹没而积渐渐缩小的问题[①]。

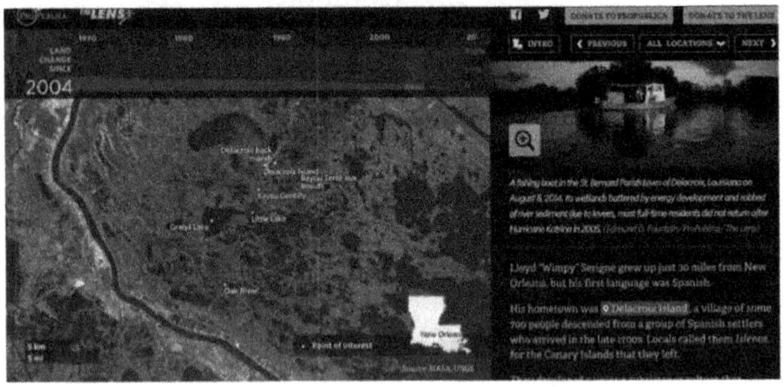

图 5 - 7　美国路易斯安那州地理信息图像报道

ProPublic 是美国一家独立的非盈利的新闻编辑机构，为公众利益进行调查报道，与多家新闻机构进行合作报道。这篇报道是其与新奥尔良新闻媒体 The Lens 合作完成的。

这篇报道题为《消失的土地》，页面分为两部分，左边是卫星地图，右边为文字报道。地图同时也是互动式图表，上方是 1970 年到 2000 年的时间轴，移动时间轴可以在卫星地图上看到土地的变化情况。可以看出，文字报道中提到的德拉克罗瓦地区在这段时间陆地面积越来越小；而文字报道则以当地居民的生活变化为主线，描述了该地区近 50 年的变化，由自给自足、可以居住的湿地变为水域，特别是 2005 年卡特里娜飓风后，大部分原住民选择不再回去，文章结尾得出令人扼腕的结论：二三十年后，这片湿地可能将不复存在。

卫星互动式图表非常清晰地呈现了 30 年间土地的流失情况，更易让读者意识到水土流失问题的严重性和紧迫性，它提供了有关该问题的宏大背景，而文字报道则从居民个人入手，两个部分相辅相成，达到了很好的信息传递效果。

---

① Losing Ground, http://projects.propublica.org/louisiana/#delacroix

本章呈现了国际财经媒体报道中的沉浸式多媒体融合案例。总的来说，沉浸式多媒体报道融合报道聚集海量信息，综合运用多媒体的互动式呈现方式，为受众营造了第一视角的阅读氛围。一方面，通过模拟新闻场景，这种报道形式为读者提供了更加接近事实的体验，使读者身临其境，参与感与互动性大大增强；另一方面，多媒体融合的方式也极大地增加了报道的信息容量，使大量复杂信息得以更加简洁明了地进行呈现。这尤其符合财经新闻需要报道大量专业性内容的特质，因此，这种报道方式为越来越多的财经媒体所运用，取得了令人瞩目的报道效果。

第六章　图像视频融合报道

图像视频融合报道也是财经新闻报道中的重要趋势。根据美国“背包记者”先驱人物、先后在美国加州大学伯克利分校和密苏里大学执教融合新闻报道的学者 Jane Stevens 的定义，“融合报道”是指“文本、照片、视频段落、音响、图表和互动性的集合体，它以非线性结构呈现在网站上，各种媒介的内容互相补充而不重复。[①]图片和视频是多媒体新闻报道中常见的方式，不仅可以单独用来报道新闻，也可以配合文字、图表等其他报道方式呈现更为直观和真实的内容。国际财经新闻报道中经常使用视图融合和视频结合的报道方式，将相对专业性较强的信息以通俗易懂的方式呈现出来，提升传播效果。

一、视图融合的新闻报道

视图融合的财经新闻报道主要有两种呈现形式：一是与文字报道结合的图片集；二是嵌在文字报道中间，随行文发展各自出现的分散镶嵌型视图融合报道。在一些报道中，这两种呈现形式是可以转化的，在镶嵌型报道中，读者也可选择以图片集的形式集中查看所有图片。

图片集的呈现方式是围绕特定主题的多张照片，以一定顺序排列起来，辅以简单的文字说明，这样可以将新闻形象地、直观地展现出来。在网络新闻中试图融合通常使用图片全屏播放的方式呈现。这种报道方式常作为文字

① 方洁：“美国融合新闻的内容与形态特征研究”，《国际新闻界》，2011 年第 33 期（5）：28 - 34 页。

报道的辅助手段出现在新闻中，并且多采取幻灯片播放的方式，播放速度由读者决定。图片报道不是文字报道的图片重演，而会涉及背景信息的补充、特定场景还原、相关人物介绍等方面。视图融合有的是按照时间顺序讲述新闻故事，有的是对报道对象进行系统介绍，还有的是通过呈现有新闻价值的瞬间来体现特定主题。相对于文字报道，系列图片给了受众更大的想象、思考空间；同时，直观的信息内容和自主的浏览方式也优化了用户体验。

图 6－1 来自于美国《赫芬顿邮报》。该报在 2015 年 4 月 7 日发表了一篇题为“政治外行人可以竞选总统吗？兰德·保罗想试一试”的报道[①]，采取文字与图片融合的方式，对共和党联邦参议院兰德·保罗参选 2016 大选进行报道。报道主题为文字，中间插有一组可以连续播放的图片。文字主要集中报道保罗作为一位眼科医生出身的参议员参与竞选的新闻。保罗一直在向选民强调自己首先是一名医生，然后才是政治家，并将医学与解决国家问题进行类比。图片融合系列着重报道保罗在政治道路上的大事，并辅以简单的文字介绍，将保罗参选的节点事件及其有趣的轶事罗列出来，使读者对这位“政治外行”参选人有生动全面的印象。

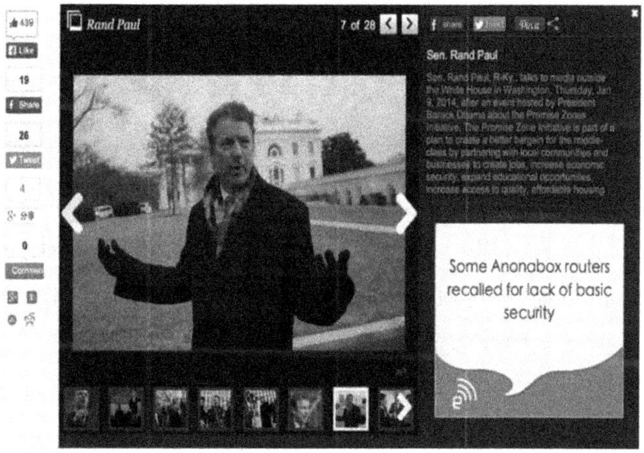

图 6－1　《赫芬顿邮报》的美国选举报道

① Can A Senator Run For President As An Outsider? Rand Paul Wants To Try, http://www.huffingtonpost.com/2015/04/07/rand－paul－senator－doctor－_n_7019652.html

这种图片融合的方式尤其适合于财经、政经报道中的人物报道和所涉及地域的报道，可以将实际情况真实、系统和生动地展现在读者眼前。

图6－2来自于《纽约时报》。该报的经济板块在2015年7月3日刊登了一篇题为“农场工人团体在薪资提高和工作环境改善上取得进展”的报道①，以视图融合的方式，报道了美国冰淇淋巨头本杰瑞（Ben & Jerry）公司农场工人的抗议，以及美国农场工人对工作和生活现状的不满和要求改变现状的尝试。

图6－2 《纽约时报》的农场工人视图报道

这篇报道的标题下方，就是一张在左下角标有“图片集，幻灯片展示”的照片，再往下是报道的主体部分——文字报道。报道以本杰瑞冰淇淋旗舰店门前的抗议为开头，120名抗议者要求公司的奶制品供应商——佛蒙特州的乳牛场履行相关规定，以保证农场移民工人的休假时间和住宿条件等。这只是近年来美国发生的众多起农场工人表达不满事件的其中一起。美国有超过200万的农场工人面临工资低、居住条件差等窘境，这个群体中还有很多是移民，在没有法律授权的情况下居住在美国。这次抗议活动的组织者“移

① Farm Labor Groups Make Progress on Wages and Working Conditions，http：//www.nytimes.com/2015/07/04/business/economy/farm－labor－groups－make－progress－on－wages－and－working－conditions.html

民的正义”（Migrant Justice）组织希望借此次活动引起其他冰淇淋、酸奶和牛奶公司对该问题的重视。接下来，文章介绍了在南卡罗莱纳州、加利福尼亚州、佛罗里达州等地的农场工人运动情况，以及目前所取得的进展和仍未解决的问题。（如图 6－3 所示）

该视图报道由 9 张照片组成，每张照片右侧配有 100 字以内的文字说明。其中 3 张照片是本杰瑞公司农场工人抗议参与者的人物特写，右边文字通过直接引语来展现目前农场工人的生活状况及其不满。另有两张照片是对此次抗议活动的总体描述。除此之外，最后四张照片展现了南卡罗莱纳州和弗罗里达州此类活动所取得的成效。

图 6－3　《纽约时报》的农场工人视图报道二

这些图片的配字都是文章中出现的文字，但其排列并不是按照文字报道的结构，而是以另外一种清晰的顺序展示，即以人物特写提出现存问题开头，中间是抗议活动介绍，最后是其他地区类似活动的介绍以及成效，以完全不同的排列顺序，简洁地呈现了同一个故事。同时，图片报道也对于文中出现的受访人进行了更加详细的介绍，对文字报道进行了一定程度的补充。

图 6－4 来自于 Lens，这是《纽约时报》的图片新闻专门博客，以为读者呈现最好、最有趣的视觉报道和多媒体报道为目标，用视图和视频融合的方式报道新闻故事，内容多为综合性新闻，也包含很多财经类资讯。该博客

在2015年9月4日刊登了一篇题为“叙利亚：让我想起前苏联”的视图融合报道①。

View Slide Show 14 Photographs

Sergey Ponomarev for The New York Times

In Syria's Struggle, Memories of the Soviet Union

By James Estrin Sep. 4, 2015 2

Email

PERPIGNAN, France — Sergey Ponomarev's first visit to Syria in 2009 — as a tourist — triggered memories of his childhood in the

图6-4 《纽约时报》的叙利亚报道

报道开头，在题目上方是一组由14张照片组成的图片组，然后是一篇文字报道。报道主要记录了《纽约时报》记者Sergey Ponomarev在2009年至2014年间前后多次在叙利亚采访的经历，并以他的视角展现叙利亚的状况变化。这位记者2009年第一次到叙利亚，被当地的安全官员盘问的情景让他想起自己小时候前苏联的境况。2013年他再次回到叙利亚，政府管控更加严格，记者的拍摄采访全程有政府人员跟随。2014年3月，记者到访叙利亚的

① In Syria Struggle, Memories of the Soviet Union, http://lens.blogs.nytimes.com/2015/09/04/in-syrias-struggle-memories-of-the-soviet-union

霍姆斯市，政府与反对派对峙，到了6月，政府已完全控制该市，但城市已在交火中受到严重损毁。报道末尾，引用记者的话：当下的霍姆斯市让他想起二战中前苏联遭受重创的斯大林格勒市。

组图是这篇报道的重要部分，点击查看后，图片以全屏幻灯片方式呈现，所有照片都是 Sergey Ponomarev 在 2014 年 3 月到 6 月期间在叙利亚首都大马士革拍摄，通过图片，读者可以清晰地看到短短三个月时间，双方对峙给这座城市和居民生活带来的影响。(图 6 - 5)

图 6 - 5　《纽约时报》的叙利亚报道之二

这篇报道的文字部分非常简洁，条理清晰，但照片的视觉冲击力和真实感是单纯的文字难以达到的。文字与图片相配合的融合报道方式，使这篇文章可读性大大提升，图片在内容上对文字报道进行了补充，使报道更加完整。

分散镶嵌型的视图融合报道，是随着行文展开，图片单独出现在相应位置，与上下文联系紧密，将文字可视化，或进行解释补充。图片以全屏方式呈现。这类报道通常是以大量数据、历史背景为基础，除照片外，也会综合其他多媒体报道方式，如图表、动图等，从多方面展示一个新闻事件的前因后果、各方影响和未来走向等信息。这种类型的报道通常是综合型多媒体报道项目。

图 6 - 6 也来自于《纽约时报》。该报在 2014 年 11 月 22 日发表了一篇关

于美国北达科他州石油泄漏事故及相关政府监管的报道①。文章分为五个部分，分别介绍了该州石油泄漏事故现状、背景、引发关注原因、政府应对和解决困境。除文字外，报道包含九张照片、两组互动图表和十张全屏互动式图片。

图 6－6　《纽约时报》的石油泄漏报道

北达科他州是全美第二大石油生产地，仅次于德州。过去几年，该州发生多起石油泄漏案件，但相关公司却没有受到严厉处罚。报道以 2013 年 8 月贝肯油田的一次泄漏事故引入，这已经是大陆资源公司自 2006 年以来在该油井发生的第 11 次泄漏事故。石油泄漏事故不仅会引起火灾、爆炸，还会将污染物带到农田，影响农业活动。然而，规范监管油气开采活动的北达科他工业委员会，对发生泄漏事故的公司采取“宽容”态度，其监管仅以“信任、口头警告和二次机会”为主。

北达科他工业委员会与石油开采行业是一种合作关系，委员会的相关高层官员有三位是接受该行业资助和支持而当选的。因此，委员会将大型石油公司看作其有力盟友，在发生运输管道泄漏、天然气燃烧、放射性废料排放

---

① North Dakota Oil Boom Downside，http：//www.nytimes.com/interactive/2014/11/23/us/north－dakota－oil－boom－downside.html

等事故时，监管机构往往选择与相关公司合作解决，而不是采取处罚措施。文字报道中穿插了亲历过爆炸事故的油田工人照片，亲自测试自己农田上污染物的农民的照片，反映了油田事故对当地居民的影响。

报道接下来指出，从几年来的数次事故来看，监管机构所谓的“合作型”监管方式并不合理。文章用互动式图表将2006年至2014年间北达科他州的石油和废水泄漏事故相关数据呈现出来。地图上以不同大小的圆点代表泄漏事故，点击圆点，可显示事故时间、类型和泄漏量，下方的两个柱状图则将每年的泄漏总量清晰地表示出来，如图6－7所示。从图中可以看到，2013年和2014年是泄漏事故高发期。

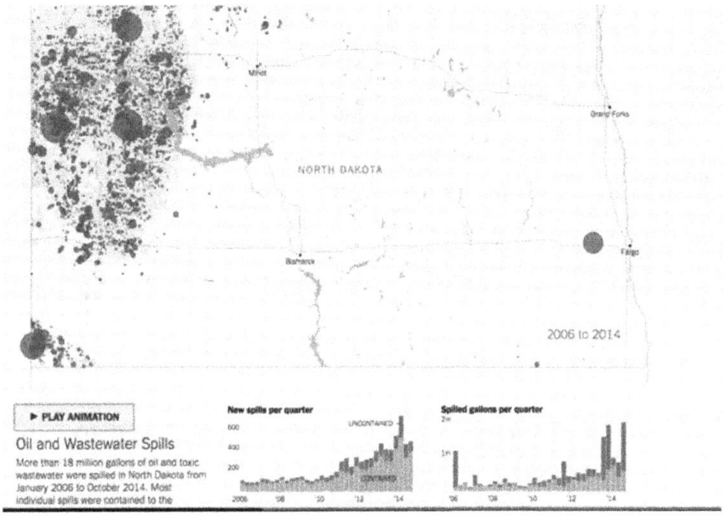

图6－7　《纽约时报》的石油泄漏报道二

矿产资源部部长赫尔姆斯先生认为，对每一起泄漏事故进行处罚过于草率，会对产量造成负面影响。下面的两张全屏图片，在卫星地图上将该州每个油井和运输管道用黄色表示出来，直观清晰地呈现了该州石油开采行业的规模（如图6－8、图6－9所示）。

图 6－8　《纽约时报》的石油泄漏报道三

图 6－9　《纽约时报》的石油泄漏报道四

接下来，文章介绍了石油工业在北达科他州的地位和作用。由于该州历史上的人口流失和经济衰退，政府非常欢迎石油公司对该州的油气资源进行勘探开发，北达科他州也因此迎来了经济增长，这也是政府对于泄漏事故采取宽容态度的主要原因。文字介绍中附有相关官员照片和油田鸟瞰等图片。

在第三部分，这篇报道讲述了引起人们对此问题关注的一次重大事故。事故发生在 2013 年秋，由特索罗物流公司运营的管道破裂引起，这被认为是美国近年来最大的陆上石油泄漏事故。事故发生 11 天后，居民才看到相关报道，政府的监管缺失和信息不透明开始引起关注。然而直至事故发生一年后，特索罗物流公司并没有受到政府处罚。这次重大事故使居民意识到：泄漏事故经常发生，但多数情况下他们却被蒙在鼓里。

这部分结尾连续使用四张全屏图片，展现了受该事故影响的农田、仍然在进行清理的事发油井以及被波及居民的看法。报道第四部分主要讲述了政府对此类事件的应对。总的来说，政府对于责任公司持宽容态度，认为事故是经济发展的必然代价，并且召集居民举行报告会，称“官方数据”显示泄漏事故正逐渐减少，然而很多居民并不接受所谓的“官方数据”。这部分的结尾使用四张连续的全屏图片，展示报告会的场景和各方观点。

报道的最后部分揭示了解决事故问题目前所面临的困境，通过讲述亲历爆炸事故的钻井工人安德鲁·洛尔起诉责任公司并最终达成和解的故事，引用洛尔的工友埃里克·哈斯的话点出困境症结所在：“会下金蛋的鹅，你不可能会杀它”，隐喻石油公司带来的巨大经济利益使本应严厉的事故追责变得困难重重。

二、视频融合的新闻报道

视频融合是一种将视频与其他报道方式——通常包括文字、图片、图表等——相配合的多媒体报道方式。前章中提到的沉浸式视频融合是一种具有较强互动性的视频融合报道，以为读者营造第一视角阅读氛围为主要特点。除此之外，国际财经媒体还经常使用普通视频与文字、图片相结合的报道方式。这类报道不是“雪崩”（2012 年《纽约时报》的融合报道）一类的有大量数据挖掘和时间积累的大制作，往往是针对某一事件，用多媒体的方式立体化呈现的新闻报道。

图 6-10 来自于 CNBC。CNBC，即美国全国广播公司财经频道，经常使用“图片+文字+视频”的报道形式，用三者结合的方式对事件进行报道，其使用的视频通常是 CNBC 电视新闻台的相关电视节目，长度在 5 分钟左右。例如 CNBC 网站在 2015 年 9 月 19 日报道了关于美联储决定保持利率稳定后全球市场的反应①。报道开头是几个相关视频，包括法国农业信贷银行、瑞

① Global Market Unconvinced by Fed Inaction, http://www.cnbc.com/2015/09/17/fed-holds-rates-steady-asia-responds.html

士信贷银行、麦格理证券、法国巴黎银行的分析员对美联储决定的分析，所有视频都是从 CNBC 电视新闻台节目中截取的。接下来的文字主要是美国、欧洲和亚洲市场对于美联储不加息消息的反应，而视频部分则主要是专业人士对该事件的评论，两部分内容相互补充，为读者提供更加完整深刻的信息。

图 6－10　CNBC 关于利率市场的报道

除了交互式的视频融合新闻，很多媒体在网站上专门设有视频新闻一栏，一般长度在一小时以内，并辅以文字报道。

图 6－11 呈现的是《纽约时报》网站的视频新闻栏目："时报视频"。其中内容覆盖面广，既有时政、财经类报道，也有生活和时尚等领域的小短片，长度从 1 分钟到半小时不等。《纽约时报》非常重视视频，2014 年年底该报宣布新闻编辑室裁员 100 名，而与之相对，视频团队在一年中人数则翻了一番，达到 60 人。起初《纽约时报》的视频是嵌在文字报道中，而现在很多情况下是先出视频报道，再出文字报道。视频部门的负责人瑞贝卡·霍华德

（Rebecca Howard）认为，受众对视频新闻的需求越来越强劲，因而视频报道发展势头迅猛，这是《纽约时报》不断加大视频投资力度的原因。

图 6－11　《纽约时报》的视频专栏

和《纽约时报》相似，很多传统媒体都在其网站上开设视频专栏，收获了不错的点击量。图 6－12 是《华盛顿邮报》的视频栏目：“邮报 TV（Post TV）”专栏。一些网站视频专栏的页面还设有“最热门视频新闻排行榜”，通过对受众点击量的统计来呈现最受关注的热点议题。排行榜基于数据变化不断实时动态更新，使受众在第一时间了解新闻热点事件的变化和舆论关注点的变迁。

图 6－12　《华盛顿邮报》的视频专栏

如今，图像视频融合报道在财经新闻报道中的应用已经越来越广泛，这给读者带来了融合性的阅读和观看体验，大大提升了原先在传统媒体上获得的使用感受，成为越来越多的财经新闻媒体应用的报道方式。视频嵌入技术的发展使融合的形式更多元，与受众之间的互动性也进一步加强，这些都让专业性的财经与经济社会类报道获得了更好的受众效果，视频融合已逐渐成为数字财经新闻报道中的常态。

第七章　深度报道与多元分析

随着媒介技术的不断发展，受众获得信息的渠道增多，速度更快，其对新闻的要求较之以往有较大提升。人们不仅需要对新近事件的简单报道，还想要了解事件背后的深入信息，比如发生的原因、相关的历史、可能造成的影响等。尤其是在财经领域，大部分受众不具备专业的背景知识，为更清晰地解释相关事件，达到更好的传播目的，往往需要更深入、更广范围和更专业的报道。在这种受众需求影响下，深度报道已成为当今国际财经新闻报道的重要趋势。

一、深度报道与多媒体融合

根据《新闻学大辞典》所作的界定，深度报道是指“运用解释、分析、预测的方法，从历史溯源、因果关系、矛盾演变、影响作用、发展趋势等方面报道新闻的形式。”何光先认为，深度报道是“一种通过系统地提供新闻事件的背景，用客观形式解释、分析来延伸和拓展新闻领域的报道方法。它包括解释性报道、调查性报道、预测性报道、实录性报道、传记性报道和连续性报道。”①

相对于一般的新闻报道，深度报道对于时效性的要求有所不同，讲究适时与及时，而非一般意义上的快速。在选题和写作技巧上，深度报道也有其自身特点。在财经报道领域，深度报道主要包含解释性报道、调查性报道和

① 甘惜分：《新闻学大辞典》，河南人民出版社1993年版。

预测性报道。在选题上，国际财经媒体的深度报道多选取与受众日常生活息息相关的话题，采取小切口深挖掘的方式，对读者有一定的启发作用。从内容上看，大部分深度财经报道是在一定的调查基础上展开，先阐述调查结果，后加以分析解释。从报道方式看，深度报道多采用多媒体的呈现方式，上文中提到的视图融合、视频融合、互动式图表和信息图像等都是常常出现的报道方式。

图 7－1 展示了来自于英国《卫报》的深度报道，这是一篇题为“告诉我们：您一个小时的工资可以买到什么?”的文章[①]。文章深入分析了美国物价持续飙升与最低工资却没有显著增长之间的矛盾。报道通过建立人们最低工资与一些日常花销的对比关系，指出在当今工资情况下，外出看电影和购买书籍等已经成为一种奢侈消费。报道最后还有一个互动的调查表，请读者填写自己的收入和对物价的看法等，以便获得更多受众数据，对调查结果进一步更新。

报道中的文章篇幅不长，明了易懂，但文中涉及了 9 篇更为专业和深刻的相关报道和政府数据，都以链接的方式嵌在文中，有兴趣的读者可以选择进一步阅读，以便对涉及文章的关键专业点和文件资料有更深入的了解。这类报道一方面可以适应不同类型读者的需求，另一方面也增强互动，并通过与受众联系，获得其反馈来进一步完善报道。

图 7－2 来自于 CNBC，美国全国广播公司财经频道（CNBC）在 2015 年 5 月 26 日刊登了一篇题为“大部分子女对家长的财产计划毫无头绪”的深度报道[②]，以一个调查为基础，指出美国社会当下存在的一个问题，即子女对于其家长的遗嘱、生前信托以及财产计划并不关心，这样很容易造成日后的纠纷。这篇深度报道以文字为主，辅以图片，中间穿插有一个一分半钟长的 CNBC 的采访视频，还有相关报道的四个超链接，给对该话题感兴趣的读者更多的阅读选择。

---

① You tell us：what can you buy with your hourly wage? http：//www. theguardian. com/money/us－money－blog/2015/apr/03/hourly－wage－money－you－tell－us

② Most kids are clueless about parents' estate plans，http：//www. cnbc. com/2015/05/25/most－kids－are－clueless－about－parents－estate－plans. html

You tell us: what can you buy with your hourly wage?

Do you earn the current minimum wage of $7.25 an hour? Can it buy you a meal? A movie ticket? Or a top-up at the gas station? Tell us how far your money goes

As prices rise, the current federal minimum wage of $7.25 is too little to get you much of anything. Photograph: Tom Joslyn/Alamy

图 7－1　《卫报》小时薪金购买力报道

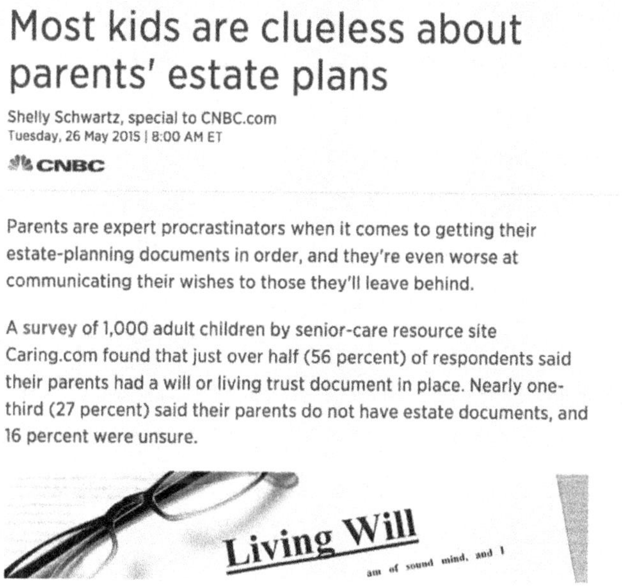
Most kids are clueless about parents' estate plans

Shelly Schwartz, special to CNBC.com
Tuesday, 26 May 2015 | 8:00 AM ET

CNBC

Parents are expert procrastinators when it comes to getting their estate-planning documents in order, and they're even worse at communicating their wishes to those they'll leave behind.

A survey of 1,000 adult children by senior-care resource site Caring.com found that just over half (56 percent) of respondents said their parents had a will or living trust document in place. Nearly one-third (27 percent) said their parents do not have estate documents, and 16 percent were unsure.

图 7－2　CNBC 父母财产计划调查报道

文章第一部分介绍了社会调查的基本内容和结果。该调查由一家名为

Caring. com 的老年人护理资源网站发起，受调查者为 1000 名成年子女。调查结果显示，只有半数的受访者称其父母有遗嘱或生前信托，他们之中大部分不知道父母将这些文件放在哪里，也不了解文件内容。接下来，报道介绍了子女了解父母的遗嘱及其财产安排的重要性。人们都不愿意谈论过世后的事情，但如果不将个人意愿告诉子女，很有可能在日后引起不必要的纷争和矛盾。当然，现在对该问题的讨论不必深入细节，但至少应该让子女了解自己的财产计划，正如 Caring. com 网站的总裁安迪·科恩所说，“子女可能要到二十多年后才会用到这些文件，但他们应该被提前告知，这样才能尊重父母的意愿。”尤其是在美国这种家庭子女众多的国家，若不妥善解决遗嘱问题，子女之间的财产纷争会大伤家庭和睦。文章的最后一部分为子女们提供了与父母协商该问题的建议，比如在父母仍然健康的时候向其了解财产安排，确保必要文件的存在和存放地点等。

除了文字和图片，报道中还加入了一小段视频，是《获得金融生活：20 到 30 岁时你的个人理财》一书的作者 Beth Kobliner 接受 CNBC 的采访，他对当下家庭缺乏对孩子的理财教育现象作了评论。在财富观教育上很多家长存在误区，例如没有在孩子年幼的时候教导其形成正确的财富观、为一些基本的家务活给孩子零用钱等等。视频内容与文字报道相互补充，反映了美国家长及子女间在财富处理方面存在的问题。此外，文章还穿插了一个该网站提供的理财服务，读者可以通过邮件注册，来获取每周的理财建议。

这篇报道具有非常强的实用性，针对美国目前广泛存在的问题，摆明事实、分析解释，并且提供解决建议，是一篇完整的深度报道。选题上贴近读者生活，犀利地指出问题，又解决问题；呈现方式上以文字为主，辅以图片和视频。另外，这篇报道的主题简单易懂，但其中涉及一些平时不常用的术语，比如生前信托等，报道在这方面处理得很巧妙，通过引用一些简易的解释和列举生活实例，非常清晰地解释了这些术语。

二、专题性深度报道

近年来，也有不少财经媒体采取专题的形式就某一话题进行深度报道。

专题由若干篇相关报道组成，这些报道都是对有关主题的不同角度的深度分析。这种方式一般用于主题宽泛、需要从不同角度进行解读的报道。

图 7－3 选自《华盛顿邮报》。该报在 2014 年推出了以网络安全为专题的系列报道[①]。该报道包含六篇深度报道，基于该报当年的“网络峰会”，从不同方面阐述了当今网络安全状况以及安全问题的解决出路。

图 7－3　《华盛顿邮报》对网络安全议题的报道

第一篇深度报道题为“黑客的道德教育”，讲述了大学电脑系统入侵教学中潜在的道德教育问题；第二篇是“保护网络安全的关键在于国际合作”，建议国际合作，制定相关法律以保证网络安全；第三篇是“政府高官与商务官员对于网络安全的看法”，引用了包括美国国土安全部副部长 Alejandro Mayorkas，众议院情报委员会主席 Mike Rogers，司法部负责国家安全方面的副检察长 John Carlin 在内的十五名官员对于该问题的观点；第四篇是“公司在移动终端方面的网络安全问题”，指出目前在道德教育中存在的一个问题是公司为图方便，对于移动终端不加以密码保护，这使终端内的客户数据非常容易丢失；第五篇是“网络攻击者居于上风”，指出当下人们把越来越多的个人信息传到网上，而电脑系统被入侵的案例越来越频繁，这给人们的隐私和信息安全带来极大威胁；最后一篇不是文字报道，而是 2014 年网络峰会

① Cybersecurity：A Special Report，http：//www. washingtonpost. com/sf/post－live/collection/cyber-security－special－report

的一个视频，对之前的文字进行补充。

这个专题中的六个深度报道由不同的作者完成，内容结构各异，有的是文字配图片，有的是文字配视频，从不同角度深入分析了网络安全。网络安全是一个和人们日常生活联系紧密的话题，但从国际层面上来讲，这也是一个关乎国家间关系和国际社会运转的宏大问题，要达到全面分析这个问题，仅用一篇文字报道是不可能实现的。这个系列报道使用多篇文章的结合，达到了多视角看待问题的目的。

此外，在写作手法上，这个系列报道运用多种方式，使这个看起来比较晦涩的问题能够为普通受众所理解接受。比如在第一篇关于电脑系统入侵教育的报道中，以两所大学的计算机教育开篇，引出“黑客”教育存在的道德问题，以及教授对该问题的看法，指出平衡学生的技术问题与道德问题的必要性。又如，第三篇关于官员对网络安全问题看法，实际上是对《华盛顿邮报》2014 年的“网络峰会”的报道，但这篇文章并没有累述会议信息和基本内容，全篇由十五名与会官员的直接引语构成。这些被引用者有的是政府官员，从国家安全角度分析网络安全问题，也有一些是网络安全公司高管，从技术层面提出看法，对普通公民在互联网时代保护个人隐私提出建议。最后，对于 2014 年峰会的相关内容，报道则采用视频的方式呈现给受众。专题从普通用户、国家安全、国际合作、入侵技术等方面切入，以该报的“网络峰会”为基础，展开介绍网络安全的现状，是一个全面而又深刻的系列报道。

随着经济全球化的进一步发展，财经报道面临着新的机遇和挑战。人们越来越重视财经信息，财经报道的市场需求也极大地提升。但另一方面，怎样将信息有效地传递给受众，实现新闻价值，也是很多媒体所面临的难题。尤其是在科学技术和信息技术加速发展的今天，受众对于财经信息的要求越来越高，期望接收高质量、全方位和个性化的经济信息。这对财经新闻报道以及传播经济信息的能力、水平和方式都提出了更高的要求。

在此背景下，国际财经新闻报道呈现出一些新的趋势，本书着重介绍了数据驱动新闻、视频融合、图片融合和深度报道等内容。新时期的财经新闻报道要求我们在新闻的挖掘、制作过程中，充分利用大数据的优势，发现新的报道视角，为受众呈现更为宏大、深刻的新闻报道；在新闻呈现的过程中，运用多媒体报道技术，将专业性的信息通过明了易懂的方式传递给受众。在这方面，美国《华盛顿邮报》《华尔街日报》及英国《卫报》等媒体提供了不少成功案例。

此外，财经新闻的报道还应更加充分地考虑受众需求。现今的财经新闻早已不再是商务人士的专属，普通民众对财经信息也有了较大的需求，在传递准确财经信息的同时，财经媒体还需要保证以简单易懂的方式讲述故事，使不具备专业财经知识的受众也可以清晰地获取信息。为达到这一目的，国际财经媒体使用了数据可视化的方法，直观呈现复杂数据，也使用了多媒体视频、图片相结合的方式，在写作方式上多使用实例，以提升文章的说服力。

顺应国际财经新闻报道的新趋势，不仅是为了满足受众需求，也是媒体巩固市场地位、保证经济效益的需要。在以变化为主旋律的新媒介环境下，财经媒体除了在内容生产以及组织报道层面需要采用新技术、引进新思路和开发新理念之外，在运营和管理中也需要不断变革与创新，探索新的资源整合与盈利创收模式，保障媒体组织在数字时代的可持续发展。为此，本书在以下章节中，将介绍与讨论的视角进一步拓展到国际财经媒体的管理运营层面，探讨财经媒体在管理中的转型与变革，以及商业模式的突破和创新。

第四部分

国际财经媒体管理转型与变革

第八章　传统媒体的重组与改革探索

在数字化技术浪潮之下，传统媒体尤其是平面媒体面临着前所未有的困难与挑战。发行量下滑，广告收入流失，传统媒体的利润空间日渐紧缩，这些都促使媒体的改革与转型势在必行。通过一系列的创新与探索，一些转型媒体逐渐挽回了财务上的颓势，重新焕发出生机。本章以传统媒体为例，介绍《日本经济新闻》、《金融时报》、《华盛顿邮报》与《纽约时报》等国际传媒在近年的重组与改革实践，以此分析和透视传统媒体的转型探索之路。

一、转型时期的企业战略

近年来，在媒介环境变化的驱动下，传统媒体纷纷开启了改革的进程，对于转型时期的战略也有诸多探索。对于现代企业的战略转型来说，产业链整合和兼并收购都是较常采用的方式，以下首先从理论的角度，对企业转型战略选择进行梳理。

1. 产业链上的垂直整合与业务层面的多元化经营

产业链整合是较常采用的企业转型战略。企业的产出不仅受到企业自身能力的限制，同时也受到其上下游资源能力的制约。因此，垂直整合（也称为纵向一体化）是企业通常青睐的战略选择之一。垂直整合指一个企业同时涉足了上下游行业的生产，其中上游产业的产出全部或部分地作为下游产业的要素投入，或下游产业的要素投入全部或部分地来自于上游产业。垂直整合有益于企业节约成本、减少市场交易环节的信息不对称性、更准确地预测消费者需求，并且也能有效实现资产专用性，从而达到规模经济。Chatterjee（1991）提出，如果生产者和零售商分别进行生产与销售决策，比如在信息不对称的情况下各自决定生产的数量和促销的力度，那么将会导致纳什均衡时生产并没有达到最优，企业也不能获得最大化的共同收益。因此，垂直整合是实现双赢的最佳途径①。

2. 企业并购

并购（M&A）即企业间的兼并和收购，是一种常见的企业战略操作手段。由其英文原文可以推知，“并购”实际上是兼并（Merger）与收购（Acquisition）两个概念内涵的结合。兼并，即一般意义上的吸收合并，是指两家或多家独立企业将自身业务合并为一家新的企业，企业的经营权和控制权归属于兼并后新企业的名下；而收购则往往是一家企业通过购买另一家企业的资产、业务链或者股权，以实现对被收购企业的经营控制权和全部（或部分）的资产所有权。

企业并购有利于实现规模经济和范围经济的最优化；同时并购企业之间也能够实现高效率、低成本的内部融资，降低企业面临的财务风险，为现金流的规模和灵活性提供保障；通过并购，管理效率高的优势企业还能够将管理体系和机制应用到另一企业，从而提高整体效率实现最大化盈利。由于并购在企业重组与转型中的重要意义，这一议题一直是学术探讨的热点，也是实践探索的重点。在产业界，对于转型期的企业来说，并购重组的案例层出不穷。在公司层面，很多并购重组后的企业能够实现公司绩效、利润率的提升以及股票价格的增长；在产业层面，并购也能够帮助公司实现更好的资源整合与配置，发挥产业集聚效应甚至是形成垄断市场力量。

在传媒业界，近年来涌现出很多并购的案例，其中吸引了全球关注的包括亚马逊收购《华盛顿邮报》，以及近期的《金融时报》和《南华早报》易

---

① Chatterjee S. Gains in vertical acquisitions and market power: Theory and evidence [J]. *Academy of Management Journal*, 1991, 34 (2): 436 –448.

手等，这些都是比较典型的传统媒体利用兼并收购走向改革转型的实践案例。

二、日本经济新闻社收购《金融时报》

1. 日本经济新闻社：本土市场上的报业巨头

2015 年夏天，传媒业界最轰动的消息莫过于《金融时报》的易手——新东家并非之前盛传的彭博新闻社、路透社或最被看好的竞标者 Axel Springer 集团，而是日本著名的新闻媒体公司日本经济新闻社（简称“日经”）。根据《金融时报》的报道，该报的大股东培生（Pearson）集团计划最终以 8.44 亿英镑的售价达成交易，这个数字是 2014 年《金融时报》3.44 亿英镑年毛收入的两倍有余，更是 2400 万英镑净利润的 35 倍。消息一出，立即在新闻界内引发轰动。英国《卫报》如此评价这次收购：“...相对于《金融时报》2014 年的财务数据，8.44 亿无疑是个漂亮的数字... 这次收购充分展示了资金充裕的国际投资者占领英语主导的财经新闻市场的渴望与热情。”[①]

在印刷媒体逐渐衰落的今天，日本市场仍然保持较为乐观的平面媒体阅读率，这与日经雄厚的经济实力与日本市场尚未明显改变的阅读习惯显著相关。日本新闻出版与编辑协会的数据显示，日本 2014 年各类报纸的总发行量超过了 4500 万份，平均每个日本家庭订阅了 0.83 份报纸，这一数据相较于 2013 年的近 4700 万份发行量和 0.86 份的家庭平均订阅量有所下降[②]，但相较于欧洲和美国的减幅还是相对稳定的。从发行渠道的数据可以看到，有 95.19% 的报纸发行属于“送报上门”（Home Delivery），零售只占到 4.28%[③]。绝大多数的日本读者依旧保持着家庭或者工作单位订报的阅读习惯，这也是日本印刷媒体至今还能保持强劲市场力量的根基所在。

《日本经济新闻》是日经集团的旗舰出版物，包括晨报、下午版日报和数字化版本，曾在 2005 年以 463.5 万份的发行量创造了财经类报刊发行量的

---

① The Guardian, Financial Times sold to Japanese media group Nikkei for 844m: http://www.theguardian.com/media/2015/jul/23/financial-times-sale-pearson

② 日本新闻协会：http://www.pressnet.or.jp/english/data/circulation/circulation01.php

③ http://www.pressnet.or.jp/english/data

最高纪录。据统计估算，2014 年至 2015 年《日本经济新闻报》的发行量依旧维持在 300 万份以上。日本经济新闻社发布著名的日经 225 指数（东京证券交易所的日经平均股票价格），以日本中产阶级为读者对象，其读者大多是日本经济界、政界等各界的领导者和公司管理人员。据 BE Japan 数据统计，约有 89% 的总裁级别（C－level）的企业管理者是日经的忠实读者①，所以《日本经济新闻》实际的社会影响力远远超过了它的发行量（如图 8－1 所示）。

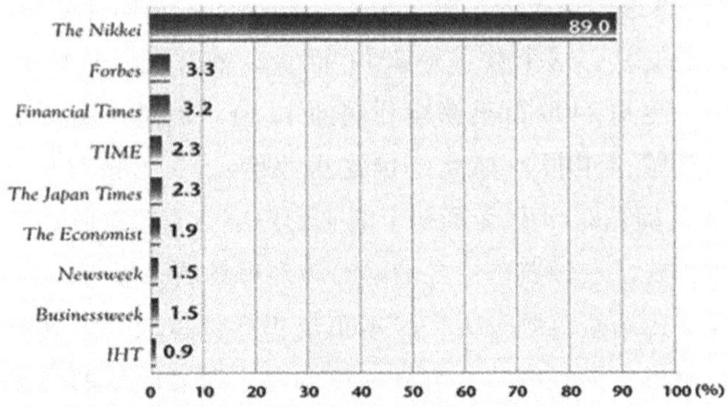

资料来源：https：//adweb. nikkei. co. jp/english

图 8－1　日本企业高管选择阅读的财经刊物

依托于强大的日本国内市场，日经集团也试图向国际市场进军。在全球范围内，日经在北美、欧洲以及日本以外的其他亚洲国家设立了 35 个驻点分社，总共招募了近 160 名员工。《日本经济新闻》的国际版在纽约、洛杉矶、香港、布鲁塞尔、悉尼、新加坡和曼谷等七个城市印刷发行②。2013 年 11 月，日经推出了英文版的《日经亚洲评论》（Nikkei Asian Review），为国际市场上的读者提供以日本、中国为主的亚洲市场上的财经信息。然而，这份报纸在海外市场的知名度和影响力仍十分有限。

① https：//adweb. nikkei. co. jp/english/media_data/the_nikkei/nikkei/reach_business. html

② Nikkei，http：//www. nikkei. com

在纸媒日渐衰落的大形势下，《纽约时报》、《金融时报》等都开始进行了大刀阔斧的技术革新，日经也逐渐开启了数字化变革的探索。由于国情和文化等差异，《日本经济新闻》并没有直接建立新闻网站和付费墙，而是进行结构转型，将纸媒与电子网络有机结合，打造“复合型媒体”，大力发展数据库业务，与日经网和收费电子报形成日经数字业务“三箭齐发”之势。日经在数据库的战略布局也颇具前瞻性。早在1970年，日经就开始通过NEEDS提供数据库服务。1971年，日经成立了日本第一个金融信息服务公司——QUICK。尽管QUICK在全球范围内的知名度远逊于路透社、彭博社和道琼斯，但在日本国内，QUICK是最大也是最具影响力的金融信息提供商。1984年，日本经济新闻社建立了Nikkei Telecom数据库，将旗下报纸的新闻信息集合在数据库中供读者付费检索、下载，成为日本国内数据库检索和下载服务的开创者。1998年，日经正式成立电子媒体局，整合旗下电子媒体业务群。实际上，由于日本居民的报纸阅读习惯，日经受到互联网数字化浪潮的冲击远不及西方的同行媒体，其印刷版业务的营收虽有小幅减少，却仍旧占据全部业务收入的主体部分。因此，日经晚于西方同行，在2010年才开始推行必要的“线下转线上”新闻网站建设，以及向用户收费的电子版刊物。近年来，日经也推出了可以在亚马逊、Windows应用商店、谷歌商店、苹果商店上购买和下载阅读终端服务。从图8-2我们可以看到，日经的数字付费版已经拥有了36万多的用户，超过近14万的日经下午版，占到总发行量的11.6%。①

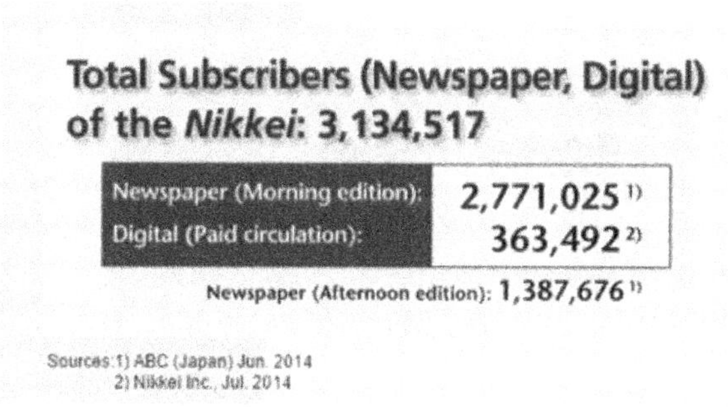

图8-2 《日本经济新闻》的订阅人数

① https：//adweb. nikkei. co. jp/english/media_data/the_nikkei/nikkei/circ_read. html

2.《金融时报》：数字化转型的探索

根据《金融时报》网站披露的信息，2014 年《金融时报》在英国本土的订阅量相较 2013 年增长了 10%，印刷版和网络的订阅用户达到了 72 万。其中，《金融时报》网站的订阅量增长了 21%，接近 50.4 万用户，而且数字化渠道的收入占到了全部受众支付的 70%，其中，移动终端是增长最快的渠道，贡献了将近一半的增长率①。

在媒体改革方面，《金融时报》一直坚持以读者为中心的理念进行数字化探索。本书之前的章节也介绍了《金融时报》特色风格的多媒体新闻报道案例。而在新闻编辑与传播渠道层面，除了《金融时报》网站建设、在各平台上推出《金融时报》的移动终端之外，《金融时报》在 2014 年也相继推出了周末版杂志 FT Weekend 的 APP 客户端、每日网站新闻精选的 FirstFT、与 Twitter 内容聚合的 FT Antenna，以及通过电子邮件为读者提供的电子版“作者更新提醒”等。从数字化、可视化、多媒体的新闻报道、内容编辑的算法使用和数据编辑选择等全方位的革新中，可以看出《金融时报》在数字化革新方面的魄力。这些创新举措不仅为《金融时报》吸引了更多的读者，也在很大程度上提高了其受众黏性，使用户在《金融时报》及其相关产品上花费更多时间，创造了更多的内容消费收益。

图 8－3 《金融时报》每日新闻精选推送 FirstFT②

① Fiancial Times, http: //aboutus. ft. com/2015/02/27/financial - times - 2014

② First FT, http: //www. ft. com/intl/firstft

《金融时报》的数字创新理念也特别体现在其推出的探索社交媒体内容聚合新产品——FT Antenna 上。《金融时报》的编辑团队制作了一个算法使用列表，通过编码固定参数筛选特定 Twitter 用户的博文内容，并汇总呈现在 Antenna 上。这些 Twitter 用户都经过《金融时报》编辑部的认真挑选，包括知名播客、记者、金融行业意见领袖、社会经济领域的学者专家等。他们作为即时热点的“信号塔”，吸引了越来越多的读者加入使用 FT Antenna，也为《金融时报》的其他产品带来了更多的客户流量，[①] 如图 8－4 所示。

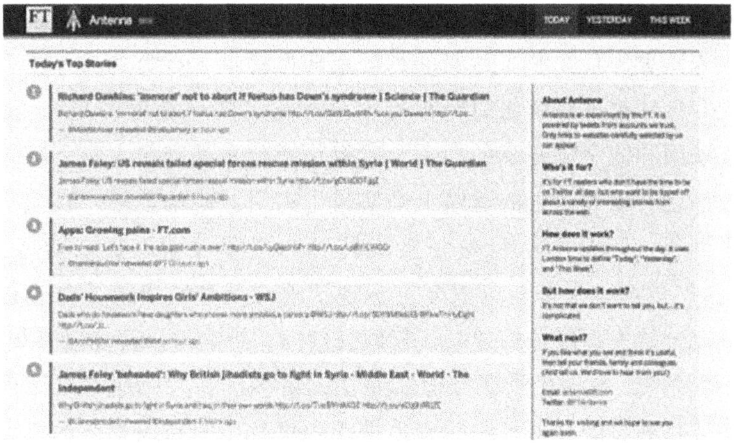

图 8－4　《金融时报》社交媒体内容聚合产品 FT Antenna

数字化创新为《金融时报》带来了更多的经济收入。《金融时报》网站的官方发布中提到，由于推行数字化带来的用户增长为广告收入提供了有力的保障。根据彭博新闻社数据，在 2014 财务年度，《金融时报》的资产回报率达到 4.22%，而《纽约时报》的资产回报率则只有 1.30%；虽然《金融时报》以 54.82% 的毛利率与《纽约时报》的 59.46% 在数字上不相上下，但《金融时报》的税息折旧及摊销前利润率（EBITDA）和净利润率都以 15.35% 和 9.66% 的成绩高于《纽约时报》10.79% 和 2.10% 的相应指标。

① FT Antenna，http：//www.pressnet.or.jp/english/data/circulation/circulation01.php

《金融时报》集团的CEO约翰·雷丁（John Ridding）向媒体透露，数字频道、付费订阅、活动经济业务以及报纸业务都实现了广告之外的独立盈利。因此，即便《金融时报》数字化举措的技术投入和研发带来了一定程度上的成本增长，其相应创新变革的盈利模式也已经得到了市场的认可与检验。

3. 并购后的联合

从上述的背景整理中可以分析出《日本经济新闻》花费巨资收购《金融时报》的几个主要动因。作为日本财经媒体中的领军品牌，《日本经济新闻》本身具有强势的市场力量和大规模的受众基础，加上尚未大幅衰减的印刷版带来的收入，更为日经的业务发展和创新转型提供了有力的财务支持。而以专业评论和独立精神在全球财经市场上享有盛名的《金融时报》，由于受到了移动互联网和数字化变革的冲击，发行量增长和盈利曾大幅下降，但是近年来在数字化转型和探索的道路上则取得了有目共睹的佳绩，积累了丰富的媒体技术创新、经营变革和盈利模式转型的实践经验。更难能可贵的是，《金融时报》的媒体业务一定程度上实现了独立盈利，摆脱了对广告商的依赖，能够充分地发挥媒体的独立、权威公信力、影响力以及社会瞭望等功能。

《金融时报》希望在资源方面需要注入更多动力，而拥有雄厚经济基础和数据库支持的日经具备足够的实力推动和优化两家新闻媒体的资源整合与配置。同时，《金融时报》在数字化转型探索、盈利模式创新方面的经验能够弥补日经起步较晚的劣势，为其自身的转型和探索创造便利条件。在另一方面，收购《金融时报》也能使日经在由英语主导的国际财经媒体市场上拥有更为重要的影响力和话语权。基于以上，我们可以看到，日经集团收购《金融时报》是优势互补和资源整合的一项实践探索。

当然，我们也应该看到，跨国公司的并购面临企业间长时间、低效率磨合的风险。日本与英国的企业文化、管理思路、公司结构和决策机制都有较大差异，包括语言障碍等也会影响新技术和知识转移的效果，这些都将是日经和《金融时报》必须面临的挑战。

三、亚马逊收购华盛顿邮报

媒体的组织形式，不仅取决于自身经营特点，也在很大程度上受到外部技术进步和市场竞争状况的影响。随着外部环境的不断变化，媒体也通过合理的组织改革，对机构、人员、任务、权力和硬件等进行科学组合，以期达到“1 +1 >2”的增值效果，在不断加剧的竞争中站稳脚跟。

2013 年，亚马逊创始人杰夫·贝索斯以 2.5 亿美元收购了华盛顿邮报，这也是传媒领域中备受关注的核心事件。近年来，亚马逊的业务涵盖书籍出版、时装零售、仓储、云计算和电视制作等。在收购之后，贝索斯力拓《华盛顿邮报》网络版，并且通过 Kindle、平板电脑等终端的发展，培养读者的阅读习惯。亚马逊广阔的业务范围和价值网络为《华盛顿邮报》注入了新的生机和活力，而股市的反应也证实了这一点：在这项交易宣布后，华盛顿邮报公司的股价在盘后交易后期即上涨近 5%，而其后邮报的股市财务表现也一直为投资者所看好。

亚马逊的收购为《华盛顿邮报》带来了一系列积极的变化。首先，《华盛顿邮报》的首席信息官普拉卡什从亚马逊向新闻编辑室调入了 19 名信息技术专家来帮助完成交互性图表和数据分析，推动邮报的数字化变革①。其次，亚马逊为华盛顿邮报提供了以 Kindle 电子阅读器为支持的阅读平台，相当于将数以万计的读者送到了《华盛顿邮报》面前，这对于邮报无疑是一个巨大的竞争优势，如图 8 -5 所示。除此之外，亚马逊还为《华盛顿邮报》挖掘关于顾客习惯与偏好的海量数字化信息，为邮报提供受众群体分析和内容选择以及定位分析。

当然，对于亚马逊而言，收购《华盛顿邮报》也并非是出于“拯救新闻业”的公益善举，而是确有现实的商业诉求。作为以报道“水门事件”而名噪一时的著名媒体，《华盛顿邮报》是一个具有光辉历史的报业王朝，集公民义务与在权力的傲慢面前捍卫新闻独立的勇气于一身，在地区报业市场处

① FT 中文网：《华盛顿邮报》期待亚马逊经验，http：//www. ftchinese. com/story

于近乎垄断的地位，为亚马逊“捆绑媒体产品来提升亚马逊服务整体形象”的战略提供了强大依托。《华盛顿邮报》的良好声誉为亚马逊的品牌形象增色不少。此外，这次“联姻”也使亚马逊与《华盛顿邮报》共享广告商，创造出更多的经济收益。

图 8－5　Kindle 版《华盛顿邮报》

四、2014 年《纽约时报》的数字化创新与探索

1. 组织变革的动因

除了兼并与收购战略，在转型压力之下，传统媒体也积极进行组织变革的探索。2014 年，《纽约时报》迎来了又一次由成本控制导致的组织结构大调整。首席执行官马克·汤普森表示，“通过裁员控制成本可以继续投资《纽约时报》的数字化未来。”①

裁员计划启动了又一轮的组织变革。在时报实施最新一轮削减成本计划期间，新闻编辑部有 21 个职位被裁减，而在此前已有约 85 名时报员工接受

① 张宸：“动荡与变革——2014《纽约时报》转型之年”，《中国报业》，2015 年第 1 期：82－83 页。

了工龄买断建议离开时报。解决印刷版的困境还需要进行更多的组织变革。三年多来，时报的季度广告收入已经陷入持续下滑的泥潭，主要是因为印刷业务不断亏损。在2014年第三季度，广告收入为1.379亿美元，下降0.1个百分点；印刷广告收入为3820万美元，下跌5.3%，但是被数字广告收入16.5%的增长抵消①。同样地，为了削减成本，周日汽车版已在2014年年底停刊，管理层亟需进行一系列业务板块切割保留的权衡取舍。

2. 数字化创新的探索

为应对以上挑战，时报集团进行了大规模的数字化创新。首先推出的是"付费墙"模式。"付费墙"的建立是逆对互联网免费、分享潮流的举措，在推出时是备受争议的。但是由于媒体的广告收益呈江河日下之势，重新向受众收费成了无奈的挽救之举。依靠其"内容为王"的品牌优势，《纽约时报》能够为受众提供有价值、有深度的新闻，由此也拥有一批忠实而有黏性的读者。自2011年推出"付费墙"直至2014年，纽约时报数字产品的付费订户已经达到79.9万户，这使"付费墙"战略被市场证明是初步有效的。

同时，为了推动智能数字思维，扩展在移动平台阅读内容并付费的受众，《纽约时报》也进行了以移动设备（手机和平板）为中心的APP探索，如图8-6所示，推出了包括以下组合的系列应用：

NYT Now：作为全新移动新闻应用，组织展示即时日常新闻报道，为不同时区的读者提供服务，费用为每月8美元。《纽约时报》对NYT Now最初的用户定位是热衷于智能手机阅读的青年一代，但最终的数据显示，NYT Now的主要用户并不是年轻人，而是原本付费订阅《纽约时报》网站内容的老用户，因为NYT Now与网站版内容基本一致，却在价格上便宜许多。虽然没有达到最初的订阅目标，但是时报通过加大市场营销力度、提高产品间的内容差异化程度以及探索新的定价方案等举措，仍然力图拓展这一应用的市场。

---

① A Year of Transformation for New York Times：http：//www.capitalnewyork.com/article/media/2014/12/8558647/year - transformation - emthe - new - york - timesem

NYT Opinion：这是《纽约时报》引以为傲的传统社论版向线上转移的尝试，时报试图用“社论”这把利剑开拓移动客户端市场。用户每月需支付6美元的订阅费用，但这项应用推出仅仅4个月就被关闭。数据显示，《纽约时报》的读者们仍然习惯通过网站付费墙来订阅专栏评论，而不是使用专注于评论的APP。这是因为，一方面，读者长期以来“新闻+评论”的阅读习惯尚未扭转；另一方面，移动端快速、小屏的特质也不符合评论的深度阅读。虽然如此，《纽约时报》的探索也并非毫无意义，NYT Opinion为其他印刷媒体评论内容转型提供了有价值的经验借鉴。

NYT Cooking：这款APP将《纽约时报》的美食内容重新精编整合，目前完全免费，上线首月就吸引了100万独立用户。该应用程序涵盖了超过1.6万道食谱。每道食谱都有详尽的食材准备、作法与步骤，并配有美食图片，有些菜肴还有烹饪视频。在战略选择上，这款APP迎合了美国社交网络上流行的“吃货文化”（Foodie Culture），通过美食这一受众覆盖面广、易于分享的主题，吸引更多的受众。

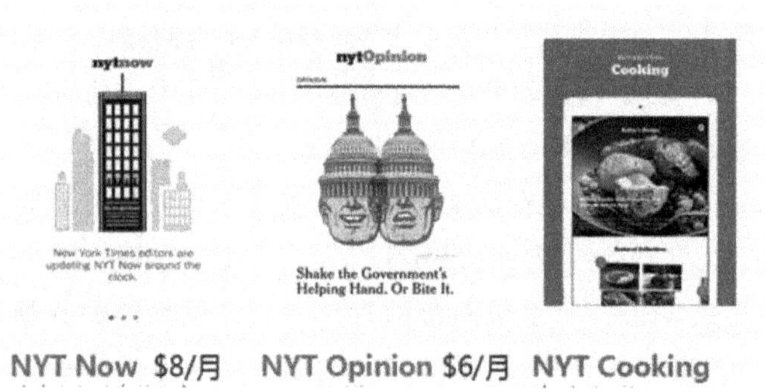

图8-6 《纽约时报》的移动APP探索

《纽约时报》数字化探索的亮点是其财经数据新闻频道“The Upshot”的设立。“The Upshot”是《纽约时报》建立的数据驱动的政治经济政策和财经新闻分析网站。[1]网站通过大数据分析在经济、政治、政策、教育、理财和金融市场等领域的新闻事件[2]。这是《纽约时报》结合自身品牌优势和数字化浪潮趋势作出的一项变革举措。创立之后的短短三个月内，“The Upshot”网站已经成为数据新闻报道、可视化、互动式图表方面的翘楚。本书前章涉及的很多财经新闻数据报道案例即来自于“The Upshot”，如图 8－7 所示。

图 8－7　《纽约时报》数据新闻网站 The Upshot

“The Upshot”主攻数据化、可视化、数字化的财经报道，将许多背景、意义相对复杂的财经新闻事件以简单、清晰的方式呈现给受众，提倡互动性，力求增进受众对财经新闻的理解。将数据应用与新闻报道结合，并通过融合创新型的方式进行呈现，这样的改革吸引了大批受众将注意力重新移回至传统主流媒体的新闻网站。

以上是传统媒体在转型时期的探索。日经收购兼并《金融时报》的案例体现了不同特色的财经媒体之间的资源互补和强强联合；索贝斯收购《华盛顿邮报》则利用亚马逊在终端和渠道方面的强大优势帮助《华盛顿邮报》实现了价值链方面的上下游整合和资源重组，为优质新闻内容资源输出搭建了

---

① The Upshot, http://www.nytimes.com/upshot

② NYTCO, http://www.nytco.com/how-the-upshot-will-help-navigate-the-news

稳定可靠的电子平台，而《纽约时报》的组织改革和数字化探索更是传统印刷媒体在新媒体应用创新拓展中寻找出路的例证。

通过兼并和收购，财经媒体实现了互补和共赢；通过价值链的整合与延展，传统媒体提高了内容资源的到达率和市场影响力；而数字化、数据化新技术的应用和移动终端产品的开发则使传统媒体吸引了更多的年轻受众和专业受众，体现了传统媒体在内容打造方面的深度化、专业化和技术化优势，也为传统媒体的发展注入了新的活力。

第九章　新媒体的突破式创新

受到技术发展的驱动，媒体面临着新的受众需求和信息获取习惯，其自身的运营流程和价值提供等都在发生日新月异的变化，传媒行业的格局也焕然一新。在这其中，新媒体更是异军突起，他们以技术为支撑，开创了新闻聚合的平台，在内容供应和传播渠道上实现了突破式创新。本章主要介绍近年来在商业创新方面取得了突出成绩的几家新媒体机构，BuzzFeed 和 Business Insider 是其中突破式创新的典型代表。

一、突破式创新与新闻聚合

突破式创新，指打破现有的生产模式和组织形式，以不同于既定规则的方式实现产品和市场的更新。哈佛大学商学院教授约翰·克里斯滕森曾在其著作《创新者的窘境》中使用“突破时创新”一语，指出：突破式创新一般有两种路径：一是低端突破；另一种就是所谓的新市场突破，产生一个与之前完全不同的产品空间，其性能特征也相异于传统的市场[①]。企业常常以突破式创新的方式打破固有格局，获得新的发展。突破创新的关键在于以更便捷的方式和更低廉的价格，面向消费者提供满足其核心需求的替代品。与维持型创新不同，突破式创新的特点是：形成新需求、开辟新市场、打造新模式，创造新利润。

将创新的理念延伸至财经媒体的运营和管理，我们可以看到，财经媒体

① 克里斯滕森 C M，胡建桥：《创新者的窘境》，中信出版社 2010 年版。

的受众群并不仅限于金融行业的从业者、投资者，也可以扩展到普通的大众阶层；财经媒体的内容生产不仅限于数据分析、趋势预测等专业精深的原创内容，也可以与生活中的日常议题更多元化地进行整合；财经媒体的传播策略不仅限于报纸、电视、网络等严肃、正规的刻板模式，也可以实现轻松、愉悦、易分享的“病毒式传播”。①

近年来出现的在线新闻聚合技术使这种创新的理念发生了实践中的突破。新闻聚合技术指通过信息抓攫（Data Scraping）来抓取网络上的各种新闻，再以聚合的方式为读者提供信息，形成“一站式”服务的新闻在线服务模式。新闻聚合技术的应用打破了以前由拥有技术和资金的专业传播者对传播市场的垄断，任何人都可能成为新闻传播者和生产者，包括用户和拥有技术优势的平台方（如搜索平台）。在聚合新闻的过程中，运营者打破了传统的内容选择和传播模式，以更贴近受众的、轻松、愉悦和个性化的方式来提供新闻服务，实现了在新闻产品风格和受众服务模式方面的突破式创新。

这些新增的创新主体成为传统媒体强有力的竞争者，他们分流了相当多的传统媒体广告收益和受众市场份额，使传统媒体的影响力程度大大降低；如今，成长得越来越快的新闻聚合网站组织已日渐突破产业生态，并重新构建产业格局。以下首先对近年吸引业界强烈关注的新闻聚合网站典型代表BuzzFeed进行介绍与分析。

二、新型媒体的成功：BuzzFeed Business 的新媒体帝国

1. 从“裙子颜色之争”看新闻聚合平台的成功

首先从2015年中国春节期间备受关注的“裙子颜色之争”说起。这条在中国国内微博、人人网等社交媒体上风靡一时的裙子，最早发布在轻博客Tumblr，而真正使它席卷全球的，则是美国的新闻聚合网站BuzzFeed。在转载原博文之后，BuzzFeed发起了一场全民大投票：“让我们一决胜负：这条

① Yovanof G S, Hazapis G N. Disruptive technologies, services, or business models? [J]. *Wireless Personal Communications*, 2008, 45 (4): 569-583.

裙子究竟是什么颜色的?”（如图9－1所示）24小时内，有116万网友表态，73%的人支持“白色和金色”，27%的人投票给“蓝色和黑色”，而这篇关于裙子颜色的内容浏览量亦超过3600万次，一个月吸引了2亿用户参与，引发了巨大的争论。截至2015年6月底，该话题在BuzzFeed上的点击量超过3800万次，投票数也超过340万票。数据显示，BuzzFeed传播度最高的报道，在Facebook上的浏览分享比是9：1，而在Twitter上，这一数据更是达到了惊人的5：1①。

图9－1 BuzzFeed全民大讨论：这条裙子是什么颜色?

作为这一媒体传播事件的始作俑者，BuzzFeed的成功是世界有目共睹的。如果没有BuzzFeed的介入，这一“颜色之争”可能无法在全球范围内迅速蔓延成为人们争相议论的话题。同时我们也必须看到，裙子本身的话题性固然是引发热议的原因之一，但真正引爆流行并推波助澜的是BuzzFeed独特的内容管理系统和支持其运行的新闻聚合平台模式。可以说，“裙子颜色之争”的成功，其本质上是BuzzFeed所代表的新闻聚合平台模式的成功，而其广大的受众基础也为它的财经业务板块BuzzFeed Business聚集了大量人气。

① http://www.buzzfeed.com/catesish/help－am－i－going－insane－its－definitely

2. BuzzFeed 的成功因素

“裙子颜色之争”并非是 BuzzFeed 一战成名的壮举。早在 2013 年，BuzzFeed 就已经实现了盈利[①]，并将业务拓展到财经、娱乐、健康、体育、科技等诸多版块。可观的经济效益背后，是 BuzzFeed 对互联网浪潮及其引发的传播革命的理解与洞察，这也使 BuzzFeed Business 的报道在众多的财经媒体中一枝独秀。从市场传播的角度来看，BuzzFeed 的成功要素主要包括以下四点[②]：

首先是“病毒式”传播。依托于 BuzzFeed 的新闻聚合新媒体平台，BuzzFeed 逐渐认识到，人们越来越多地通过分享而非搜索来获取内容。比如，传统新闻一般关注市场和行业动态，并作出相关报道，为受众提供信息选择——这样，不仅依赖市场变化的媒体自身并没有掌握主动权，受众对于即将获得的信息也是被动接受。然而，由于社交网络的传播特性，经过一定传播技巧处理的内容信息往往能实现“几何式”、“爆炸式”的传播效果[③]。因此，BuzzFeed 强调内容的可分享性，或者我们通俗所说的“病毒性”——内容必须足够吸引人、具有新意并且足够有趣，这样人们才会愿意把它转发给其他人。新闻聚合平台媒体创造的众多典型分享案例共同的特点就是：内容集趣味性、新奇性于一体，注重挖掘受众的情感认同和打造记忆点。BuzzFeed 本身最为人所知的莫过于萌宠、排行榜、明星八卦、奇闻怪事等等易于标签化、引起共鸣、引发讨论和争议的适合社交网络快速传播的“病毒”内容。而 BuzzFeed Business 也延续了这一特点，比起其他严肃正统的财经新闻，BuzzFeed Business 的报道尤其聚焦于美食、快餐、咖啡、学生贷款等贴近民众和年轻的主流受众群体的话题，从而使得网站报道能够在社交媒体上实现大量且快速的传播。除了内容之外，网站的信息瀑布流推送、分享

---

① 李嘉卓：“社交化新闻聚合网站的未来发展趋势——以美国 BuzzFeed 新闻网站的新变化为例”，《中国记者》，2014 年第 10 期：117－119 页。

② 虎嗅网：“BuzzFeed 是一家看重‘分享’甚过‘搜索’的新媒体，它的运转逻辑与商业模式是什么”：http：//www. huxiu. com/article/7937/1. html

③ O'Leary M. BuzzFeed and the New Virality［J］. *Information Today*, 2014（4）：20

设计以及与各大社交媒体的链接也为“病毒式”传播奠定了基础。

其次是大种子市场营销。即结合“病毒式”传播与传统的大众媒体传播手段，使得大量的初始受众（第一层）将市场营销信息传递到次级受众（第二层）。这样即便内容的“病毒性”不强，也可以获得可观的总体收益。

再次是鲱鱼策略。“生意在前，派对在后”的鲱鱼策略强调的重点是后半句①。“生意在前”是指网站的首页呈现内容经过专业编辑的严格把关筛选，而“派对在后”则是指点击进入第二页后，用户可以自由进行派对——发言、讨论、投票表态、甚至是发泄情感。与传统财经媒体的讨论版不同的是，BuzzFeed 为用户提供了表态栏——包括“搞笑”、“赞”、“可爱”、“天哪”、“这算什么?”、“失望”等等表达正面或负面情绪的态度。“派对在后”使得网民拥有了足够的控制权与话语权，也使得 BuzzFeed 获得极强的用户黏性。

最后是 BuzzFeed 迎合了社会职业社交圈厌倦的趋势。人们已经腻烦了“挺胸、双手环臂、微微颔首露齿微笑”的照片，以及“这个项目真棒，从合作伙伴那里学到很多”的社交状态。BuzzFeed Business 则为他们提供了轻松有趣的内容——没有工作项目，没有所谓的职场晋升，没有展示的幻灯片，只有生活日常话题和一群奇怪的人和事，这些“一笑而过”的话题受到了受众的追捧和喜爱，并随着一层层的分享遍布各大社交网络。

与“裙子颜色之争”事件相似，“橘子哥事件”也是由 BuzzFeed 参与策划引爆的一起网络焦点事件。2015 年 2 月，一位来自中国广东梅州的“橘子哥”因购买了一部二手苹果手机而红遍了大江南北。事件的起因是在地球另一端，一位居住在纽约的年轻人马特从他的手机“照片流”中发现了一位素不相识的“橘子哥”的形象，因而在社交网络中发起了寻找“橘子哥”的行动。“橘子哥”的系列照片和马特的搞笑帖首先在美国掀起了风潮，网民们再通过新浪微博的大 V 营销号发动中国网友找到“橘子哥”本人。其后，马特应“橘子哥”之邀来到中国，上演了一场浩浩荡荡的“千里寻亲还手机”的活动。马特与“橘子哥”的媒体见面会、中国梅州游等牵动了全球无数网

---

① Spangler T. BuzzFeed's Rapid - Fire Content [J]. *Variety*, 2015 (10): 47.

民的心，不仅上了《艾伦秀》、《天天向上》等中美知名的电视节目，也为马特和“橘子哥”带来了巨大的广告合作机会。（如图9－2所示）人们看到了这场狂欢的幕前，但鲜为人知的是，幕后的事实是，马特在从纽约大学毕业之前就已经开始在BuzzFeed实习了，现在在BuzzFeed的员工中坐“第九把交椅”，深谙所谓的“病毒式传播”之道。他知道如何深入挖掘互联网，演绎无厘头的“新闻”，更知道充满爆裂感语句的“马特式报道”，能够吸引更多人的关注。①正是基于对新时代互联网文化、互联网用户以及媒介传播特点的了解，BuzzFeed才能如此成功地策划和推动这一场“网络盛事”。

图9－2　马特与“橘子哥”的跨国情谊

附：“橘子哥”事件报道

“橘子哥”与美国小伙伴千里相会：丢手机结下友谊

参考消息网2015年3月19日报道，他失去了一部手机，却在中国得到了一位朋友。

BuzzFeed网站编辑马特·斯托佩拉（Matt Stopera）按事情发生的顺序记

---

① 好奇心日报，从中国到美国，橘子哥和马特在上演什么：http://www.qdaily.com/articles/9025.html

载了他的iPhone手机在纽约一家酒吧被盗，一系列奇怪的图片开始在自己的照片流中出现，最终与那位得到他被盗手机的中国男子见面的故事。

据美国《纽约时报》网站3月19日报道，马特17日晚飞抵中国南方的广东省，在机场受到“橘子哥”的迎接。“橘子哥”本名李洪君，让他在网上数百万人中闻名的绰号来自他金橘树丛前的自拍照，这些照片帮助马特找到了自己的手机。李洪君手持鲜花站在机场出口，一起等待的还有一大群记者。

当天晚上，马特和李洪君去吃了当地的面条。李洪君曾在早些时候把面条的图片发在自己的新浪微博上，表示那是等候即将到来的美国客人的美食之一。

李洪君在接受电话采访时说，休息了一夜之后，他们两人一起前往李洪君的梅州老家。

李洪君说，为了带马特游览附近景点、向他介绍当地的文化，自己请了几天假。李洪君经营着一家名为“玉茶场”的餐馆，美味佳肴是他与斯托佩拉通信的主要话题。

“我非常高兴、非常兴奋，”李洪君说，“我打算带他去几个旅游景点。”

“橘子哥”透露，在马特到来前的日子里，他一直在努力学习英语，还在网上发过自己学习的视频片段。作为对微博用户要求他教授英语的响应，马特从3月初开始，在网上发布英语学习视频，其中有他在美国一家杂货店里说“bread（面包）”和“honey（蜂蜜）”的画面，还有他站在屋顶上说“cactus（仙人掌）”的画面。他说，他一直在学习汉语普通话。

他们两人见面的计划引起了人们的高度关注。

马特在新浪微博建立了自己的账号，在不到一个月的时间里吸引了超过16万的粉丝，他18日上午在Twitter上写道：“现在我大体上知道金·卡（Kim K）带着坎耶（Kanye）和诺丝·韦斯特（North West）一起出现在洛杉矶国际机场时是什么感觉了。”他还写道，带自己出行的是“外面有橘子哥画像的汽车车队”。

对李洪君来说，这件事让他受到了中国新闻媒体的多次采访，近日，他还在一个电视烹饪节目中担任嘉宾，在那里推销客家菜。

报道称，把这两位来自世界两头的陌生人连接起来的，是马特 2014 年 2 月在纽约东村（East Village）一家酒吧丢失的 iPhone 手机。2015 年 1 月，意想不到的图片开始在他的照片流中出现，马特在网上发出询问，想找到站在金橘树丛前的男子的身份。马特的故事被翻译成中文后，读者帮他找到那个绰号为“橘子哥”的男子。李洪君的侄子说，叔叔的手机是一个远房亲戚送的，这个侄子近日一直陪同李洪君一起招待客人。

自从马特来到这里后，两人还没有在公开场合提及那部 iPhone 手机，马特启程前曾表示，他已接受了手机丢失的现实，而李洪君几天前曾对马特带的手机是否在中国能用表示关注，并提出可以为他提供一部临时手机。

“昨天充话费，突然想起一个问题，”李洪君在微博上写道。“马特的手机到中国能用吗？我是不是要准备个当地的手机给他用？”

新闻来源：http://news.sina.com.cn/c/2015-03-19/104131623038.shtml

3. 原生广告的创新

BuzzFeed 的营收大部分来自于原生广告。原生广告（Native Advertising）是一种让广告作为内容的一部分植入到实际页面设计中的广告形式，通过在信息流中发布具有相关性的内容产生价值来提升用户体验。网络用户对传统广告已经有了较强防御和心理芥蒂，传播效果不尽如人意，而 BuzzFeed 致力于从产品中寻找故事，并用文字、图片、视频等形式将其娓娓道来。这种方式集媒体认可度、品牌知名度和故事情感性于一体，在潜移默化中促进了用户对品牌的认知，增强其购买意愿。①

在 BuzzFeed 上看不到传统的横幅广告，广告商的推广内容同样被处理成了文章。BuzzFeed Business 也会在文章标题下附上高亮文本予以提示，但类似的提醒并没有影响传播，多数读者仍然愿意分享这些内容。例如，一篇题为《能够教会你的 10 次旅行》的文章罗列了旅行的各种裨益：游客可以在印度的水疗馆中放松身体，可以在美国科罗拉多高原锻炼野外生存技能，也

---

① Rey J D. Inside the BuzzFeed pricing model: How one ‘native advertising’ tries to make it all add up [J]. *Advertising Age*, 2012 (39): 12.

可以在意大利学习烹饪技艺——只看内容，这篇文章已经具备了旅行文章的全部特点。但实际上，它是互助保险公司 State Farm 投放的一份广告，目的是为了说明——“无论你从何处开始，State Farm 都会随时提供帮助”。

BuzzFeed 的广告充满创意，也富有趣味。比如，一些视频类的原生广告：“喵星人指南——如何照料你的人类”，以及丰田汽车面向刚刚工作白领群体的“第一辆车 VS. 第一辆真正意义上的车”等，都是将广告融入到新奇有趣的故事中，让受众不仅乐于观看，也乐意再次分享形成多级传播。

多芬（Dove）也是 BuzzFeed Business 的广告主之一，著名的励志短片《你比自己想象的更加美丽》（You Are More Beautiful Than You Think）也借助 BuzzFeed Business 的平台迅速分享到各大社交媒体网站上。视频的内容与其说是广告，不如说是一个微型纪录片，记录了多芬进行一项非常打动人的“Real Beauty”计划。多芬请来一位由 FBI 训练并在警局工作 16 年，能够根据口述画出人像的专业嫌犯素描家。接着再请来 7 名女性，让素描家在看不见这些女士的状况下，请这些女性向素描家口述自己的长相，画出第一幅人像。然后，再请陌生人同样向素描家描述 7 名女性的长相特征，让素描家画出第二幅人像。最后比较这两幅画时，大家才发现自己认为的样貌，往往都比陌生人眼中的来得忧郁、肥胖，甚至苍老许多。多芬的调查显示只有 4% 的女性觉得自己是美丽的。影片中一位女性的话在网民中间引起了巨大的共鸣，“应该更珍惜自己最自然真实的美丽，因为这会影响到我们交友的选择、我们的工作态度，和家人的相处等，这对人生的一切都有影响，是决定我们是否垮了的关键”。[①]视频短小而温馨，充满了正能量，借助此原生广告，多芬的品牌形象悄然建立，并随着每一个用户的分享而传播扩散，如图 9－3 所示。

① BuzzFeed Business，http：//www.buzzfeed.com/business

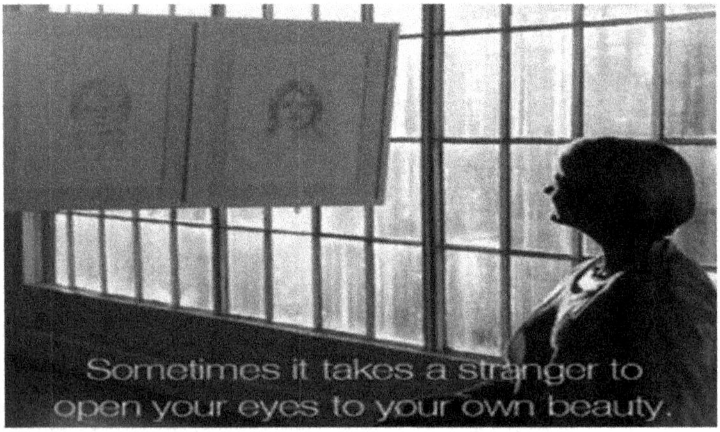

图 9-3　原生广告《你比自己想象的加更美丽》

4. BuzzFeed 的思维创新

BuzzFeed 倡导思维层面的创新，其反传统思维以及新战略是：把读者从自己家里赶走。[①] BuzzFeed 不再强调借助 Facebook、Twitter 以及 Pinterest 等网站将访客吸引到自己的网站上。相反，其创始人帕瑞蒂称其现在很高兴看到自己网站的内容出现在更多地方，通过 Twitter 账户"BuzzFeedBiz"实现信息渗透，而 Facebook 则使 BuzzFeed 上的内容得到更快、更多层级的互动与分享。BuzzFeed 在 2015 年 1 月份时宣布，通过 Twitter、Pinterest 以及 Facebook 的引流，网站已经获得了 4.2 亿浏览量，但 BuzzFeed 在这些平台上却产生了 180 亿"关注量"。[②] 显然，在其他的社交媒体平台并非 BuzzFeed 的竞争者，而是助推器。

在网站 UGC 的内容创作方面，借助新闻聚合平台优势的 BuzzFeed 也保持引爆不断，仅仅是一张小猫上楼还是下楼的图片，也能迅速的登上话题热搜榜[③]（如图 9-4 所示）。

---

① 腾讯科技，BuzzFeed 的反传统思维：把读者从自己家里赶走：http：//tech. qq. com/a/20150323/038183. htm

② https：//www. quantcast. com/buzzfeed. com

③ BuzzFeed，http：//www. buzzfeed. com

图 9-4 引爆讨论的猫

5. “清单体”与“轻量式”内容

在内容呈现方面，BuzzFeed 倾向于以“清单体”（Listicle）的形式提供“轻量式”的内容。意大利学者艾柯说：“清单似乎是原始文化的典型产物，原始文化所致的宇宙形象仍欠精确，因此采取开列清单的办法。”① 这个时代的人们同样需要清单。信息过载、内容碎片化给用户带来了信息接受、处理、评估的负担，而清单是最让读者感到舒服、最能快速消化的形式，也更让人有点击、分享的欲望。这些清单的标题由数字和关键词组成，文章内常附有照片或短视频。以 BuzzFeed Business 版块为例，受众常常能见到“创造了 65 亿美元研究生院学生贷款的 20 所大学”、“因大肠杆菌风险被召回的 14 个瓶装水品牌”、“中国首富告诉美国高管的 9 件事情”、“去麦当劳吃早餐的 8 个理由”等等清单类的标题和内容形式；而清单也是 BuzzFeed 网站上最常见的内容形式，如“没人想在 Instagram 上看到的 11 件事情”、“全球 20 个最浪漫的蜜月圣地”等，这样的表述方式收到了良好的传播效果。②

在传播形态层面，除了文字、图片和短视频，作为新闻聚合平台的

① 李嘉卓：“社交化新闻聚合网站的未来发展趋势——以美国 BuzzFeed 新闻网站的新变化为例”，《中国记者》，2014 年第 10 期：117-119 页。

② BuzzFeed Business，http：//www. buzzfeed. com/business

BuzzFeed 亦推出了音频播客节目，主打文化、生活的观点交流。在 BuzzFeed 的官方计划里，播客节目每周一期，未来还可能将扩充节目内容至迷你剧、新闻报道、财经评议和生活理财等，这成为 BuzzFeed 与用户建立连接的另一种方式。音频播客的开场是一档名为《Internet Explorer》的节目，由 BuzzFeed 两位新闻记者 Ryan Broderick 和 Katie Notopoulos 主持，讨论各自在互联网上奇妙糟糕的经历，[①] 如图 9－5 所示。另一期热播节目名为《Another Round》，BuzzFeed 聘请了两位作家 Heben Nigatu 和 Tracy Clayton，就性别歧视、流行文化、种族问题开展激烈而有趣的讨论[②]。以音频为代表新的传播形态探索也为 BuzzFeed Business 提供了更多的可能，例如财经热点评议、个人理财、家庭生活理财等均是目前操作性较强的音频播客议题。可以预见的是，借助新闻聚合平台的优势和广阔的受众基础，未来 BuzzFeed 在专业新闻报道领域也将大有可为。

图 9－5　BuzzFeed 首期音频节目《Internet Explorer》

① BuzzFeed, 666 Reasons To Listen To The Debut Episode Of "Internet Explorer" Podcast,: http: //www. buzzfeed. com/iexplorer/666 - reasons - to - listen - to - the - debut - episode - of - internet

② BuzzFeed Podcast, http: //www. buzzfeed. com/podcasts

三、Business Insider：商业内幕新闻聚合

BuzzFeed 代表了一个综合性、轻新闻类新媒体的成功，而 Business Insider 则是更典型的财经商业新媒体成长的案例。Business Insider 是一家创立于 2009 年的美国商业博客、商业新闻信息平台和数字媒体创业公司，由前《华尔街日报》的资深分析师 Henry Blodget 担任总编辑。它的前身 Silicon Alley Insider 是一家旨在提供硅谷各创业公司内幕消息的新闻网站，[①] 不仅拥有硅谷内的公司管理层作为信息源，也为 Business Insider 奠定了在科技创业圈内的受众基础。最早，Business Insider 采用的是与《赫芬顿邮报》相似的模式，由一些博主发布公司内幕消息和管理变动。后来，Business Insider 逐渐采取了编辑整合的模式，采用自己的新闻记者编辑团队与各大知名财经媒体的报道集结整合起来，并以抓人眼球的标题、简介和多媒体的报道呈现方式吸引受众点击阅读。图 9－6 就是 Business Insider 上的一篇经过再次编辑整合的路透社报道，编辑删减了文章内容并将标题修改为更生活化的语言，在一个小时之内便收获了 3000 次点击量。[②]

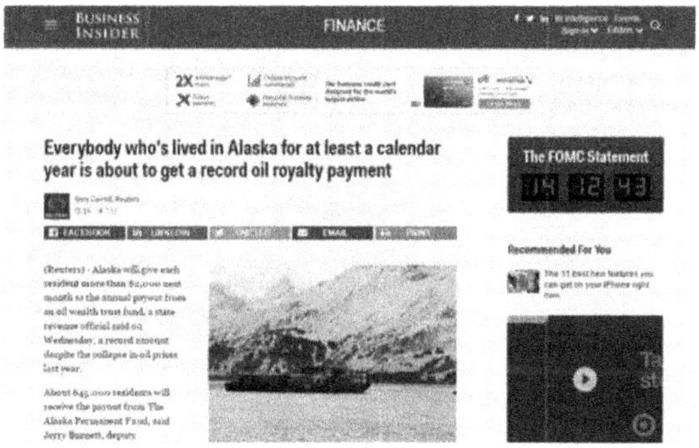

图 9－6　经过 Business Insider 整合的路透社报道

① 搜狐财经：美财经科技网站 Business Insider 的兴盛，http：//it. sohu. com/20140308/n396260322. shtml

② Business Insider，http：//www. businessinsider. com/everybody－whos－lived－in－alaska－for－at－least－a－year－is－about－to－get－a－record－oil－royalty－payment－2015－9

不少初接触 Business Insider 的读者会觉得它表面上看起来像是一个“科技博客”：高清大幅的图片、耸人听闻的标题、口语化的写作风格和零散而简短的正文内容，与传统的财经媒体大相径庭。实际上，这都是 Business Insider 为了迎合愈发碎片化的受众阅读习惯而采取的举措。Business Insider 也是现在各大新媒体网络风靡的“幻灯片报道风格”（Slideshow style）最早的创始者之一。这种方式虽然饱受质疑却被广大读者们接受和认可，其主编 Henry Blodge 在接受媒体采访时也称“图文并茂具备难以置信的力量”[①]。在一篇名为《提前一瞥：即将取代彭博终端的华尔街信息服务》报道中，Business Insider 的网站上为读者提供了两种阅读模式，图 9－7 所示的就是传统网络新闻的“文字＋图片”报道方式。报道中采用了五段文字分别介绍新的信息服务终端如何工作、用户注册使用的具体操作、出现极大技术改进的特殊功能以及与彭博终端信息服务的简单对比，并配图来展示华尔街新的信息服务终端。[②]

图 9－7　Business Insider 传统的网络新闻报道方式

---

① ifanr，Henry Blodget：新媒体如何讲故事?：http：//www. ifanr. com/91109

② Business Insider，http：//www. businessinsider. sg/early－look－at－symphony－2015

然而，读者也可以选择幻灯片风格的阅读模式。同样是这篇文章，内容则变成了九幅图片呈现华尔街信息服务终端的界面和操作方法。每张图片都只有一到两句话介绍，省去了大量的文字篇幅，不仅节省了阅读时间，也使读者对报道对象有了更加直观的了解。如图 9－8 所示的幻灯片形式，使读者获得了亲临其境体验新信息服务终端的感受。

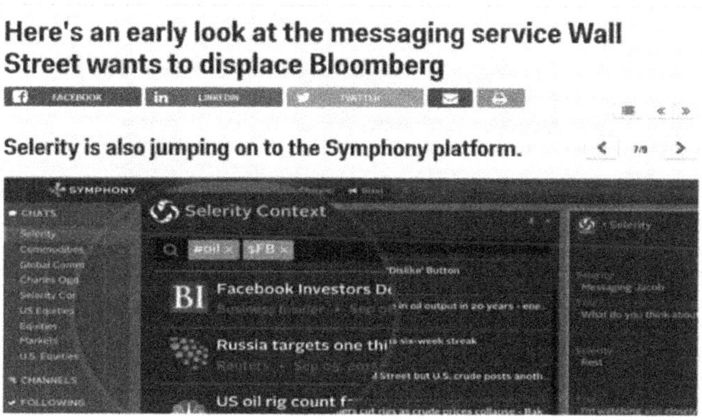

图 9－8　Business Insider 的幻灯片报道风格

这样简单明了的报道风格也为 Business Insider 奠定了广大的受众基础。在此基础上，Business Insider 还拥有闻名于“链接诱饵式”的标题风格（Linkbait Style），即尽可能地将新奇的、煽动性关键信息细节置于标题之中以吸引用户点击。据第三方流量统计网站 Alexa 的数据显示，Business Insider 在全球范围内的访问流量已超过《金融时报》和彭博社等知名媒体的网站。而在 comScore 上公布的数据则显示，Business Insider 在商业新闻网站排行榜上位居第四，网页和移动客户端的受众流量都已经超过了 2500 万①。强大的受众基础也为 Business Insider 提供了更强的、与广告商的议价能力，不断巩固着其依靠广告收入为主的盈利模式。

Business Insider 在商业模式中还采取了“免费普通业务＋高端收费业务”

① http：//www.comscore.com/Products/Audience－Analytics/Cross－Media

的策略。除了依靠网站流量吸引广告商以维持媒体媒体经营的盈利方式之外，Business Insider 利用科技与财经相结合的优势，发布一些数据充分、内容详实的财经报告，读者点击网站右侧“最新研究”的栏目就可以阅读（如图9-9所示）。这些报告只有少部分是完全免费的，读者可以通过提交电子邮件地址获得报告的 PDF 版本；更多的收费内容则需要注册和订阅它的衍生服务——Business Insider Intelligence。

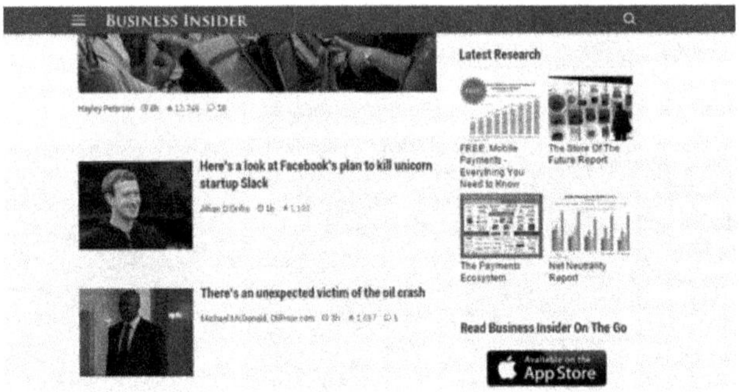

图 9-9　Business Insider 上的“最新研究”栏[①]

Business Insider Intelligence，简称 BI Intelligence，是 Business Insider 提供的财经信息与研究服务，主要面对的客户群包括财富 1000 强公司、创业公司、数字化研发机构，以及媒介聚合平台[②]。BI Intelligence 的产品一方面依托于专业化的分析师团队——包括前《华尔街日报》经济分析师、投资银行管理者、金融机构研究员等财经领域的专家[③]，另一方面也通过算法程序、计算机数据分析、数据可视化等数字化技术，实现有深度和洞察力的财经信息分析、趋势预测和研究报告。数字媒体、移动科技、互联网、电子商务与支付都是 BI Intelligence 所涵盖的领域，读者可以订阅每周一刊的电子邮件简报（一般需要支付 100 美元的年度订阅费），或者直接购买相关主题的专业

① Business Inside, http://www.businessinsider.com

② BI Intelligence, https://intelligence.businessinsider.com

③ BI Intelligence, https://intelligence.businessinsider.com

报告（如图 9-10 所示）。专业报告一般价格不菲，例如，一份由 BI Intelligence 数字化团队创作、题为《Business Insider 独家社交媒体人口统计学分析》的报告，虽然总共只有 33 页，标价却达到了 395 美元，相当于一部智能手机的价格。虽然如此，Business Insider 还是收获了为数不少的专题报告用户。

图 9-10　BI Intelligence 提供的研究报告[①]

在传播内容形态上，Business Insider 也正在推进视频流的建设，在网站上专门开辟了 video 的栏目，用短视频播报新闻。这些视频也可以被用户分享到 Facebook、LinkedIn、Twitter 等社交媒体网站上。同时，Business Insider 也在 Youtube 上创立了账号，定期分享原创内容的视频，其议题分为科技信息、职业建议和知识库等多个栏目，还会定期邀请嘉宾进行专访或新闻评论。在不久前，针对共享经济的热议话题，Business Insider 请来了诺贝尔经济学获奖者、知名经济学家、普林斯顿大学教授保罗·克鲁格曼针对 Uber 等公司的形态分享了看法（如图 9-11 所示）。

① BI Intelligence，https：//intelligence. businessinsider. com

图 9－11　保罗·克鲁格曼在 Business Insider 上发表评论

分析 Business Insider 的商业模式，我们可以看到这是技术驱动下专业媒体的商业创新。通过扩大受众规模来增加相应的广告收入、提供深度专业化的收费内容都是现阶段媒体常用的策略，而 Business Insider 凭借其报道风格、新闻聚合、新媒体技术和科技财经的独特背景得以在众多财经媒体中崭露头角，也获得了众多风险投资者的青睐。在 2015 年的新一轮融资中，Business Insider 获得了 2500 万美元的资金，投资者包括德国媒体巨头 Axel Springer 集团和亚马逊的创始人、首席执行官杰夫·贝索斯等。

BuzzFeed 和 Business Insider 的成功是突破式创新思维的体现。从内容层面上来看，BuzzFeed 更多选择与日常生活紧密相关的轻松话题，通过瀑布流的信息技术推送分享，同时利用“病毒式”传播的方式，让受众参与话题的交流与扩散，充满趣味性。在营收手段上，BuzzFeed 充分依靠创意式的原生广告，使受众乐于观看。在内容的呈现方式上，“清单体”和“轻量式”的网站内容特色也使读者能够快速阅读、轻松传播。Business Insider 则通过创新的网页视图呈现提高受众的阅读体验，采用“普通＋高端”的服务策略来分层吸引受众，同时发展创新的视频流方式来提升与受众之间的互动和交流，增强传播效果。这两家公司的成功不仅体现了其各自战略层面的突破革新和业务层面的繁荣扩张，更体现了在一个新闻媒体遭遇强烈挑战的时代，数字与新闻结合之后，突破式创新发展的巨大潜力和广阔前景。

突破式创新意味着打破传统的内容定位与呈现方式，引入新的思维与路径来满足受众不断变化的需求。媒体融合技术的发展与社交媒体的使用让突破式创新在新媒体平台上得以实现。这种突破式创新推进了和受众之间的互动与交流，使传媒公司能够更准确地把握受众市场，引爆信息热点，实现更广泛和快捷的信息传播，从而打造新的商业模式，创造新的发展空间。

第五部分

新兴媒体商业模式

第十章　活动经济的创新商业模式

数字化技术的发展和媒介环境的变迁使财经专业媒体将很多改革与转型的探索移至线上，然而，我们也应该看到，在线下的活动组织中，财经媒体也在积极探索、着力开拓，并且已经建立起一些有效的新模式。本章介绍的以媒体主办或承办主题研讨会为代表的活动经济的商业模式，即为我们展现了媒体在线下环境的潜在空间和发展前景。

一、活动经济模式的理论背景：资源基础论

活动经济的商业模式是以传媒公司的资源为基础而具体建构的，企业战略管理中的资源基础论（Resource - Based View，简称 RBV）是其核心指导。

RBV 是企业战略研究中近几十年产生和发展的、极具解释力的学说，对企业管理的各个领域产生着深刻的影响。RBV 解决的关键问题是：为什么企业之间会彼此不同？企业是如何实现并保持竞争优势的？RBV 用支配资源配置的知识结构来解释企业内部组织和市场竞争行为。这种知识结构作为一种复杂资源，是企业外部竞争者所无法模仿的。因此，它又是一种企业的组织能力观（Perspective on Organizational Capability）的基础①。组织能力观认为，在资源基础论中，资源是一个集合概念，而资源的概念内涵中包括企业的资产和能力。

---

① Wernerfelt B. A resource - based view of the firm [J]. *Strategic Management Journal*, 1984, 5 (2): 171 - 180

现代资源基础理论之父 Jay B. Barney 将资源定义为企业的资产、知识、信息、能力、特点和组织程序等。他认为企业重要的竞争力主要体现在企业资源和能力的价值性、稀缺性和难以模仿性①。对于制造业企业而言，许多实物资源很容易模仿，包括制造的工艺流程和技术并不难以复制。真正为其提供竞争优势的团队合作能力、企业文化、企业社会关系网络和组织管理等资源则很难被竞争对手模仿，因为这些往往是企业自身复杂的历史以及大量的决策演化出来的；也就是说，特定的企业资源能够促进企业的持续竞争优势。②

公司的资源分类有多种方法和角度。Barney（1991）将公司资源分为三类：物质资本、人力资本和组织资本资源，也有学者将其分为行动、技能和外部资产等等③。不管是何种分类，区分资源必须与以上所提的“价值性、稀缺性和难以模仿性”几种特性相结合才能具有战略意义；尤其因为关键的竞争优势主要依赖于资源的不可模仿性，资源分类也必须与这种不可模仿性相结合。④

资源基础论在传媒组织管理中也得到深入和广泛的应用，活动经济即是媒体利用自身的资源基础，通过主办、承办研讨会、评选会和主题论坛等活动来实现社会价值与经济价值双赢的一种方式。活动经济的前身是活动营销。活动营销是围绕活动而展开的营销，以活动为载体，使企业获得品牌的提升或是销量的增长。活动营销通过策划具有鲜明主题和具有新闻价值的一个或者系列性组合的营销活动，来实现品牌的有效传播和带动促进产品的销售。对于传媒组织来说，活动营销是基于传媒企业中具有“价值、稀缺和难以模仿”特性的基础资源来组织的。这些基础资源包括内容资源、客户资源、品牌资源、渠道资源和网络资源等。建于基础资源之上的活动经济模式可以帮

---

① Barney J. Firm resources and sustained competitive advantage [J]. *Journal of Management*, 1991, 17 (1): 99 - 120.

② Barney J B. Resource - based theories of competitive advantage: A ten - year retrospective on the resource - based view [J]. *Journal of Management*, 2001, 27 (6): 643 - 650.

③ Albarran, A. B., Chan - Olmsted, S. M., & Wirth, M. O. (Eds.). *Handbook of Media Management and Economics* [M]. Routledge, 2006.

④ 阿兰·B. 阿尔瓦兰：《传媒经济与管理学导论》，清华大学出版社 2010 年版。

助传媒组织提升品牌价值、拓展用户市场，并且开辟新的营收来源。

越来越多的媒体机构开始采用活动经济的商业模式，活动经济收入也被很多业界人士称为媒体继内容、广告和发行之后的第四种主要的业务营收来源。媒体通过运用其独特的人才资源、社会网络、学界业界资源和公信力、影响力来组织会议、培训等各种活动，实现构建商业社区、搭建社交平台，以及吸引更多广告投入的目的（如图 10 - 1 所示）。

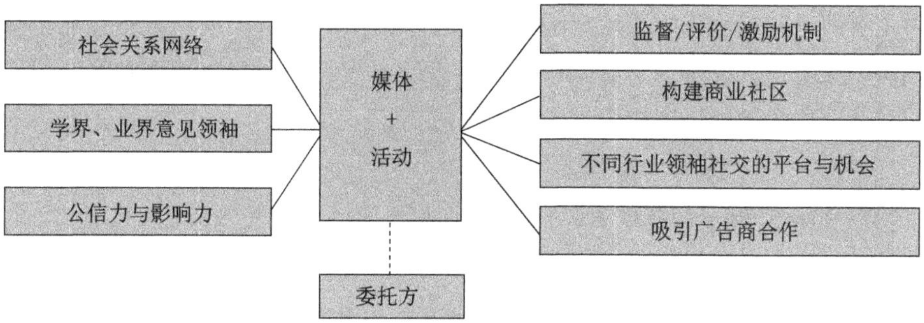

图 10 - 1　媒体活动经济的价值网络

通过组织和承办活动，传媒组织创造了赞助收入、广告收入和培训收入等直接的经济价值，以及社交网络和潜在客户等间接的社会价值（如图 10 - 2 所示）。活动经济成为了传媒机构以媒体资源为基础的一种创新发展模式。

创造价值	社会	经济
直接	思想碰撞、观点交流	赞助收入、入场费、承办劳务费、中介费
间接	社会舆论影响	潜在的广告合作

图 10 - 2　媒体活动经济创造的价值

二、财经媒体中活动经济的实践探索

在实践层面，活动经济模式已经在传媒机构中形成了一套标准化的流程：从确定活动概念和方案，到企业走访与方案完善，到招商与销售，再到联络第三方公司、嘉宾邀请、场地布置等，最后到活动落地结束，很多媒体都建立了自身的组织与运作规范。这些流程与规范可以应用到不同的类型的活动中；不断趋向专业化的活动定制和日渐完善的活动体系不仅刺激和强化了媒体的资源整合，也帮助塑造了有竞争优势的媒体品牌形象。以下具体介绍专业财经媒体在活动经济组织中的实践案例。

1. 创新先驱《经济学人》、《金融时报》和《华尔街日报》

近年来，在传媒领域出现了越来越多的应用活动经济商业模式的案例，英国的《经济学人》是最早探索活动经济模式的媒体之一。《经济学人》在其网站上设有 Events 一栏，按不同区域，列出即将举行的活动，不仅给出活动内容、日程安排、赞助商、参与方式等信息，还有往年相关活动参与者的反馈。专业的经济金融行业资源和系统的社会网络是财经新闻媒体推行活动经济模式的资源优势，《经济学人》正是利用财经媒体优势资源来组织活动，创新发展的一个成功案例（如图 10－3 所示）。

图 10－3　《经济学人》举办的活动

《经济学人》早期的活动经济尝试可以追溯到2000年前后。2002年11月15日，《经济学人》举办了首届“《经济学人》创新颁奖大会”（Economist Innovation Awards），在生命科学、计算机与通信技术、社会经济、商业运营等各领域评选出有突破性成就、开辟新经济市场和商机的领袖人物①。从2002年首届大会举办开始，《经济学人》平均每年评选出7位获奖者，产生了极大的社会影响。史蒂夫·乔布斯、比尔·盖茨和马克·扎克伯格都曾摘得这项创新大奖的桂冠。十三年来，“《经济学人》创新颁奖大会”已经成为《经济学人》最具知名度和代表性的活动，虽然早期并没有实现盈利创造经济收入，但却为后面活动经济业务的探索和拓展提供了扎实基础和宝贵经验。现在，《经济学人》名下的活动包括了专家研讨会、行业峰会、以及与知名学者或政府公务人员的圆桌会议等形式，形成了“参与、启发、有益”的品牌特色，影响力辐射欧洲乃至全球。

《金融时报》也成立了以FT Live作为基础的活动经济分部，先后在伦敦、纽约和香港设立了活动中心，从创办之初至今已经成功举办了200多场活动，吸引了超过2.1万名各行业代表参加②（如图10－4所示）。FT活动的形式以专家研讨会、主题峰会为主，议题从农业、科技、经济、投资直到国际货币等多个领域，各活动管理委员会的成员包括了《金融时报》的高级记者、资深编辑和相关的各领域专家等。

① The Economists, http://www.economistinsights.com/events

② Financial Times, https://live.ft.com

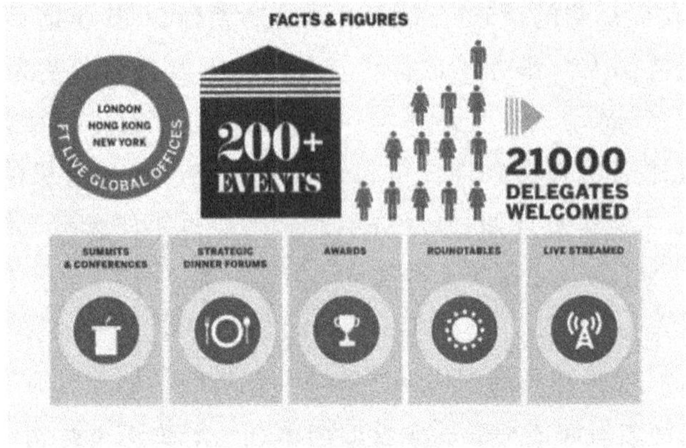

图 10－4　FT Live 举办的各类活动[①]

《金融时报》另一项声势浩大的活动项目是2014年推出的“FT 125 系列论坛”。比起 FT Live 各自独立的主题活动，FT 125 更像是一个通过系列活动进行思想交流和维系关系的商业社群[②]。FT 125 并不面向受众个人，只有行业内领先的企业才能成为会员，并且需要企业提交申请材料并经过 FT 125 仔细的挑选和审查，以保证社群成员都是行业内具有话语权的关键参与者，从而实现其活动商业领袖思想碰撞和绘制未来商业格局蓝图的高端目标。

图 10－5　FT 125 系列论坛

① Financial Times，https：//live. ft. com/Become－a－sponsor

② Financial Times，http：//the125. ft. com

与欧洲的《经济学人》相似，《华尔街日报》作为北美最早开始活动经济探索的媒体，也举办过“WSJ 年度创新大会”作为旗下杂志《WSJ》年度创新特辑的品牌延伸活动[①]。近年来，《华尔街日报》最知名的旗舰活动是“《华尔街日报》——公司高管研讨会”（Wall Street Journal Executives Conferences），其中的嘉宾包括了美国总统奥巴马、微软创始人比尔·盖茨、苹果首席执行官蒂姆·库克等[②]。“《华尔街日报》——公司高管研讨会”也奉行“高端路线”，依靠各品牌赞助商和广告商支持盈利，针对于上层社会的精英人士发出少量的邀请函，如图 10－6 所示。每年的讨论内容都会刊登在《华尔街日报》的特稿或专刊上，通过报纸、杂志、社交媒体与数字化终端的传播引发社会关注。

图 10－6　《华尔街日报》——公司高管研讨会的嘉宾名单

2. 遍布全美的《美国城市工商学刊》American City Business Journals

同样在美国，《美国城市工商学刊》（American City Business Journals）在过去举办的 1 505 场活动中已吸引了平均每年近 22.6 万人参与[③]。以《美国

① Wall Street Journal, http://conferences. wsj. com

② Wall Street Journal, http://www. wsjdigital. com/sites/executiveconferences

③ American City Business Journals, http://acbj. com

城市工商学刊》旗下《体育商业学刊》（Sports Business Journal）所举办的活动为例，仅2015年度体育商业颁奖会（2015 Sports Business Awards）一项活动，就集结了包括各大体育新闻媒体、球队、运动联合会、公司咨询、市场推广和信息科技公司等商业合作伙伴。这项活动也受到了米高梅集团（MGM Resorts International）、整合传播企业 Coyne PR 以及 Park Lane 酒店的赞助。同样地，2015年度英特体育品牌参与峰会（2015 Intersport Brand Engagement Summit）则为各市场、品牌领域的从业者提供了交流和学习的机会，如图10－7所示。

图10－7　Sports Business Journal 举办的活动

《美国城市工商刊物》麾下的 Bizwomen 是一家以女性商业领袖为目标受众的新闻网站，致力于帮助女性成就自己的事业。除了普通的商业新闻，Bizwomen 还发表专栏文章与特稿报道全国成功女性所投身的商业活动、她们所面临的挑战、推崇的策略以及实践的经验，吸引了广大职业女性的关注。Bizwomen 利用平时采访、新闻报道积累起来的社会关系网络资源，联结各行各业的企业家和高管，通过组织活动来推动她们之间的思想碰撞和交流。

最能够体现 Bizwomen 价值愿景的是其颇具特色的“相约星期一”（Mentoring Monday）指导活动。活动邀请了各个城市法律、咨询和金融等行业的具有丰富从业经验的女性商业领袖为广大职业女性群体提供资讯解读、职场建议、生涯规划和指导。活动报名者可以根据 Bizwomen 提供的嘉宾名单挑选导师，每个导师能给予名下各学员不少于 5 分钟的一对一谈话指导。以 2015 年的“相约星期一”为例，以纽约、华盛顿为首的美国 43 所城市在 5 月 30 日同时举办了“相约星期一”的活动，聚集了超过一万名的职业女性参与，也引起了美国社会的广泛关注①。这使原本依托于地缘优势、建立当地商业社群的活动突破了地理区隔，辐射到更广的地区。“相约星期一”的影响力并不仅仅是一时轰动，参与者们通过活动建立的人际关系也延伸到了未来的业务活动中，并为培养潜在的商业合作伙伴提供了机遇。

除了标志性的“相约星期一”，Bizwomen 也依托不同城市的 Business Journal 举办活动。例如，在美国东南部的商业、金融和保险中心——杰克逊维尔市举办的“女性影响力评选暨颁奖会”（Woman of Influence Awards）。活动首先邀请商界女性领袖进行主题为“鼓舞人心的领导力”（Leadership That Inspires）的专题研讨会，然后介绍获得各奖项的候选人、宣布评选结果并颁奖。这场会议邀请了包括移动通信运营商 AT&T 的地区主管、非营利组织的首席执行官，以及商业机构的总裁等高端人士参加。强大的嘉宾阵容也使得目标受众纷纷解囊购买入场券。除了入场费用的收入，“女性影响力评选暨颁奖会”还获得了美国银行、女性职场中心以及杰克逊维尔本地的商业巨头 PRI 的支持和赞助，这些都为媒体带来了可观的营收，如图 10－8 所示。

图 10－8　Bizwomen 举办的女性影响力活动

① American City Business Journals, http://www.bizjournals.com/bizwomen

活动经济的不断成功使 Bizwomen 逐渐形成了一套良性的价值链：为美国职业女性发展提供职场外指导、推动职业女性评价和激励机制、构建职业女性商业社群并发展成一种市场力量，并在此基础上形成独树一帜的品牌声誉和极大的社会影响力。同时，这套良性的价值链在社会价值之外也获得了包括赞助、入场费用、承办费用、中介费用、网站广告合作等可观的经济收益。根据 American Business City Journals 的介绍，Bizwomen 新闻网站的资产净值已经达到 120 万美元。①

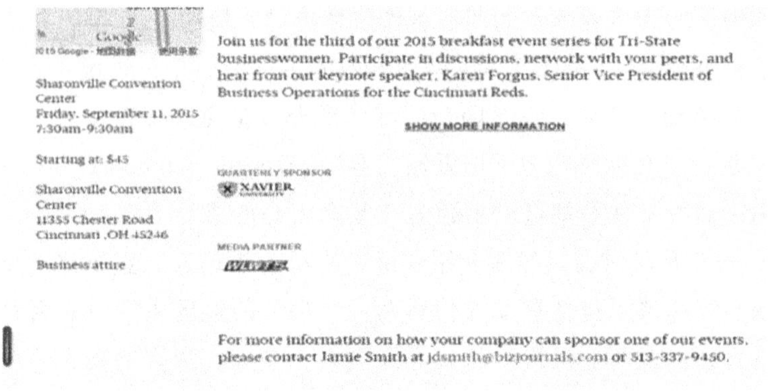

图 10－9　一次 Bizwomen 活动的赞助商列表

有了 Sports Business Journal 和 Bizwomen 珠玉在前，活动经济的模式很快在其他财经媒体得到了进一步探索和推广。The Business Journal 也是隶属于 American Business City Journals 旗下、聚焦于当地财经新闻的品牌。The Business Journal 将活动经济的实践推广到全美国 43 座城市，② 通过活动经济的方式为当地的商业领袖们提供面对面交流和建立关系的契机，也帮助他们不仅在本地、也在所属地区甚至是国内市场上取得竞争优势。

① American City Business Journals, http://acbj.com/brands/bizwomen

② American City Business Journals, http://acbj.com/brands/bizjournals

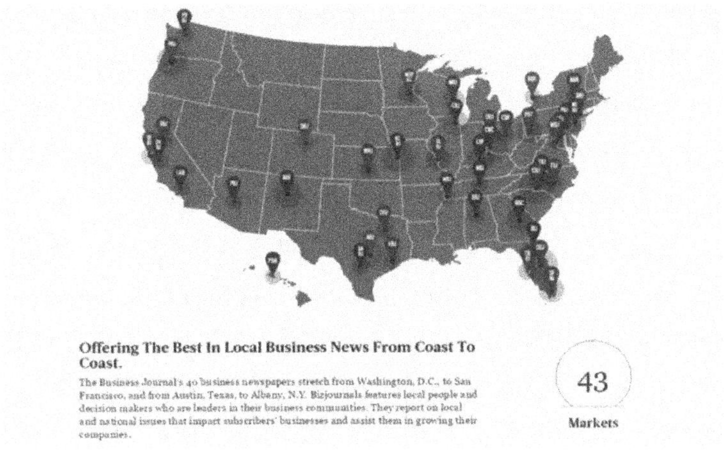

图 10 - 10　The Business Journal 举办过活动的 43 座城市

3. Politico：与"大人物"一起讨论财经

除了报道产经新闻的财经媒体，关注政经报道的政治新闻媒体也在活动经济的模式中取得了很多成功。政治新闻网站 Politico 是最早开展并且持续受益于活动经济的媒体之一。Politico 从组织的活动中发掘新闻，记者通过长期积累的人脉邀请重量级嘉宾参加。这些嘉宾在活动中讨论国家法案和热门事件等，不仅为媒体提供了新闻报道的内容，也形成和促进了诸多具有社会影响力，同时意义深远的讨论①。在媒体本身品牌资产不断增强的同时，这些活动也被很多企业投以冠名、投资或实物资助，不仅减少了媒体活动的运营成本，也吸引了更多投放广告的企业纷至沓来。

Politico 举办的财经活动特色品牌主要有三个栏目："美国的财政未来"（America's Fiscal Future）、"晨间财经早餐吹风"（Morning Money Breakfast Briefing）和"劳工与就业午餐会"（Pro Labor & Employment Launch Event）②。这些活动多数以"Politico 资深财经记者 + 特约嘉宾对话"的形式，针对时下美国国内关注的财经议题进行讨论。借力于 Politico 本身政治媒体的社会网络

---

① FishbowlDC，http：//www. adweek. com/fishbowldc/politico - events - romano/113414

② Politico，http：//www. politico. com

优势，这些财经讨论活动邀请的均是重量级的特约嘉宾，包括诸如参议员、国会议员、区域代表、财政部长和白宫国家经济委员会顾问等举足轻重的政界人士。借助强大的嘉宾阵容，Politico 寻找赞助商更有优势——这三个栏目的系列活动的赞助权分别由纳斯达克、富国银行集团以及国际特许经营协会竞标获得，这大大减少了 Politico 付出的活动运营成本①。以一次“晨间财经早餐吹风”活动为例。在富国银行集团的赞助支持下，Politico 邀请了参议员 Orrin Hatch 和众议员 Sander Levin 与 Politico 首席经济记者 Ben White 就美国经济走向和未来贸易政策趋势进行了近两个小时的讨论，引起了极大的关注。同时，值得一提的是，议题的讨论并没有随着活动的结束而结束，Politico 的编辑在 Twitter 上设置了“晨间财经”的话题标签，如图 10－11 所示，以此突破活动时间和地理的区隔，利用社会化网络来进一步扩大活动的影响力。

图 10－11　由 Politico 举办、富国银行赞助的“晨间财经早餐吹风”活动

上述几个案例都展现了活动经济的商业模式所迸发出的巨大能量。财经媒体具有很多优势基础资源，包括财经信息的采集资源、专业财经新闻内容的生产资源、报道传播的受众资源，以及广泛的财经社交网络资源等；这其

① Politico，http：//www. politico. com/events

中很多资源都具有“独特、稀缺和不可复制”的特性。财经媒体基于这些资源优势进行进一步的整合与拓展，组织和开发会议、培训等活动产品是媒体相关多元化的一种积极尝试和有效探索。实践也证明，活动经济的创新模式为媒体带来了较为稳定的营收来源，拓展了既有的产品组合，成为目前传媒发展中越来越为重要的新兴商业模式。

第十一章　众包与公民新闻的新组织模式

前章介绍了活动经济的商业模式，本章将继续探讨商业模式的创新。“商业模式创新”作为学术界和产业界的热词，在谷歌和百度上已经有了超过千万的搜索结果。商业模式创新是企业持续发展的源动力，对于财经媒体来说，商业模式创新意味着不断利用新的传播技术与传播渠道，以及不断更新新闻产生和内容报道的方式。本章将对商业模式创新进行梳理，并着重介绍传媒行业在商业模式创新风潮中受众参与最广泛的众包与公民新闻模式，以及创新在财经类社交媒体中的应用。

一、商业模式创新

商业模式（Business Model）一词出现在 20 世纪 50 年代，到 20 世纪 90 年代进一步成为学界与业界关注的热点词汇。对于商业模式，哈佛商学院的 Joan Magretta 在《管理是什么》一书中为读者提供了一个简明扼要的定义：商业模式是一个企业如何赚钱的故事。如果把通过可行性分析确定的创新产品或服务看成是一种技术投入，那么商业模式是使其进行价值创造的转换器，通过商业模式，企业的技术投入得以转换成社会性产出。

“创新”这一概念由来已久，奥地利经济学家熊彼特在 1912 年的著作《经济发展概念》中曾对其进行过系统的分析与描述。在 1942 年出版的专著《资本主义、社会主义与民主》中，熊彼特进一步详细阐述了“创新”的概念，提出创新是经济增长最重要的驱动力的论断。熊彼特认为，创新是在引入一种新的生产力的同时也对旧的生产力进行破坏，即所谓“创造性破坏”（Creative Destruction）。熊彼特强调，经济发展是一个动态的过程，能够“创新”才能在多变的市场需求和激烈的市场竞争中生存下来。

随着互联网发展与技术更新，企业的创新变得越来越为重要，尤其在商业模式的设计与构建中，创新成为指导性理念。商业模式创新指应用新技术、引发新思维，并探讨新路径来组织企业的生产与产品市场流通。对于商业模式创新，学界贡献了很多理论探讨与实证成果。Timmers（1998）、Amit 和 Zott（2001）的研究认为，以互联网技术为代表的新技术是商业模式创新的主要动力[①]。随后，Kodama（2004）、Faber 等（2003）、Yovanof 和 Hazapi（2008）的研究也进一步表明，产业模块化和产业融合等技术变化推动了美国、欧洲国家和日本相关企业的商业模式创新，而且商业模式创新也有助于企业更高效度地实现技术更新的收益[②]。Miles（2006）从企业组织形式出发考察了商业模式创新的途径，认为合作经营是推动企业商业模式持续创新的动力和方向；Venkatraman 和 Henderson（2008）指出，现代企业商业模式创新与工业时代有所不同，现代企业的商业模式创新不仅需要内部调整，而且还要建立充满活力的企业外部生态系统[③]。

与学界研究结果相一致，产业实践也进一步证明：技术、合作和环境等要素在商业模式创新中起着至关重要的作用。对于传媒产业来说，互联网环境的变化使商业模式创新愈加必要，而数字技术的发展也使商业模式创新成为可能，媒介与受众在网络平台资源的共享与合作更为商业模式创新增添了很多新的路径。近年来，传媒组织在内容生产和传播渠道方面不断推进创新模式，以下案例中介绍的众包与公民新闻的商业模式，就是将变革与创新推展至媒体生产核心层面的成功探索。

---

① Timmers P. Business models for electronic markets [J]. *Electronic Markets*, 1998, 8 (2): 3 - 8.

② Kodama F. Measuring emerging categories of innovation: Modularity and business model [J]. *Technological Forecasting and Social Change*, 2004, 71 (6): 623 - 633.

③ Venkatraman N, Henderson J C. *Four Vectors of Business Model Innovation: Value Capture in a Network Era* [M]: *From Strategy to Execution.* Springer Berlin Heidelberg, 2008: 259 - 280.

二、赫芬顿：公民记者的众包型商业模式

众包（Crowdsourcing）的概念是由美国《连线》杂志编辑 Jeff Howe 提出的。众包是指公司把过去由员工执行的工作任务以自由自愿的形式外包给非特定的大众网络的做法，具有开放、共享、民主、自发的特点。Jeff Howe 认为众包模式的实现需要具备四个条件：业余爱好者群体的广泛出现、生产方式由封闭独占向开放共享的转变、生产工具的民主化以及建立有效的生产组织模式。①

“众包”这一概念实际上是源于对企业创新模式的反思。传统的产品创新方法是，首先由生产商对市场进行调查，然后根据调查结果找出消费品的需求，最后根据需求设计出新产品，但这种创新的投资回报率通常较低，甚至血本无归。随着互联网的愈发普及，消费者的创新热情和创新能力愈发彰显出商业价值，以“用户创造内容”（User - generated Content）为代表的创新民主化正在成为一种趋势。利用群体的力量来资助传媒机构采写、生产和传播新闻，一方面提高了媒体内容生产的丰富性，另一方面也使广大单向接受信息的“受众”有了表达自己声音的渠道。2008 年，美国华盛顿州 Spokesman 评论报利用其网站，邀请处于雪灾区的读者根据自己的地理位置在网站上添加照片、视频或评论，极大地丰富了媒体对雪灾情况的报道，这也是“众包新闻”较早探索和尝试的案例之一。

而在新闻业界，众包模式最成功的例子非《赫芬顿邮报》莫属。在 2015 年“两会”期间中国总理李克强会见中外记者的新闻发布会上，《赫芬顿邮报》得到了现场提问的机会，也可见邮报所得到的重视与认可。《赫芬顿邮报》的成功，很大程度上依赖于其“众包”的组织模式。《赫芬顿邮报》为了减少运营成本，缩减自身采编人员，其内容来源的主体在于几千名高质量成熟的免费博客群体，这些博主并无稿酬，却不吝于表达自己的观点，积极在《赫芬顿邮报》平台上发表博客文章吸引读者，也相应地承担起“公民记

① Howe J. The rise of crowdsourcing [J]. *Wired Magazine*, 2006, 14 (6): 1 - 4.

者”的角色。这样便达到了一种共赢局面，一方面《赫芬顿邮报》拥有了一批高质量免费的内容提供者，另一方面博主也拥有了一定的人际资本和影响力。此外，《赫芬顿邮报》还鼓励普通公民为网站提供新闻，希望公民作为用户的同时也是内容生产者和提供者，不仅能增加信息的关注度，而且还拓宽了新闻来源，如图 11 - 1 所示。

图 11 - 1　《赫芬顿邮报》的众包模式

在报道风格上，《赫芬顿邮报》也具有鲜明的特点，不盲从“不流血，非头条”（“If it bleeds, it leads.”）的报道潮流，强调内容的专业性、及时性和代表性。比如，2015 年 9 月，美联储经过联邦公开市场委员会投票决定维持利率不变之后，《赫芬顿邮报》在第一时间将商业版的头条换成了一篇名为《不加息》的文章，并配上副标题“美联储维持利率稳定，保持就业率增长”和美联储主席珍妮特·耶伦讲话的照片，如图 11 - 2 所示。同时，很快以此为核心议题，组织了一系列专业和深入的博客话题讨论。围绕这些热门议题，《赫芬顿邮报》利用众包模式在网络平台上掀起“言论风暴”，吸引了更多作者和读者加入，他们关注热点、参与讨论、贡献观点。截至 2015 年底，邮报的活跃读者已超过一亿，并在海外 13 个国家和地区推出了地方版本。

图 11－2　《赫芬顿邮报》商业版头条文章《不加息》①

从盈利模式的角度来看，目前《赫芬顿邮报》采取的还是传统的媒体盈利策略②：依靠其内容吸引众多读者，从而吸引广告商投放广告，虽然也有一些其他订购业务，但传统的硬广告仍是《赫芬顿邮报》的“主要收入来源”。为此，邮报的 CEO 梅曼也表示，未来将更好地借助众包模式整合资源，寻找更多的盈利方式；同时，也在移动客户端探索更吸引人的、更多传播形态的广告模式。

三、StockTwits 与 Motif Investing：专业性质的社交平台型商业模式

《赫芬顿邮报》带来了大众在网络上形成“公共领域”，并成为内容贡献者的创新商业模式。同时，我们还可以看到，在内容传播方面，新兴的社交网络平台也为商业模式创新提供了条件。

---

① 赫芬顿邮报，http：//www. huffingtonpost. com/business

② GIGAOM，Arianna Huffington：Slave Owner or Crowdsourcing Pioneer?：https：//gigaom. com/2011/04/13/arianna－huffington－slave－owner－or－crowdsourcing－pioneer

社交网络平台是互联网线上社群集聚的平台，汇集了不同的商业社群。在网络社会，社群依然保持着社会群体的属性，人们在网络空间上开展互动、交流与沟通，构建了网络空间中的社会聚合体。由网络技术所创造出来的网络社群的内涵在一定程度上仍与实体社群相似，都是由社会性网络所形成的关系，这使得社群内的成员可以互相交流信息、分享个人经验与相互支持，获取社会支持及得到归属感。

网络社群的形成构建了产生经济价值的基础。社群经济是一种消费者主导的 C2B 商业形态，这其中，企业与消费者的关系由单向的价值过渡到双向的价值共创。通常，商业社群采取“内容 + 社群 + 商业”的模式，而媒体在建立商业社群方面有着得天独厚的优势：媒体能够以网络技术为依托，通过有价值的内容吸引受众增加流量；而社交性的功能则为用户提供了建立关系网络的基础，也增强了用户黏性，将内容价值和关系网络价值转化为经济收益。用户因为好的内容与产品而聚合，然后通过社群来沉淀，最后形成共同的价值观和兴趣，成为深度联结的使用者，也提供了媒体盈利的保障。

这种以专业社群为主体的商业模式多见于最近金融界逐渐兴起社交型投资平台。这类平台是金融投资圈的社交网站，为金融圈加入了社交数据。金融市场除了客观数据所呈现的信息之外，也在很大程度上依赖于人群行为，因此，民意类数据对于金融行业有着非常重要意义。金融社交平台基于数据流和民意数据为金融用户提供服务，吸引了越来越多的用户。

StockTwits，被誉为金融圈的 Twitter，就是一个基于投资人追踪金融新闻和交换股票投资建议而建立的平台。在这个平台上，用户可以关注其他用户及股票，创建待观察风险清单和数据流，把握民意趋势。网站首页的标题栏设置有“热门”一栏标签，上面排列了即时讨论最热门的股票代码，用户点击即可查看相关讨论。网站还设立了“热点地图”的版块，可以直观地看到即时的热点股票与其上涨或下跌的交易状况（如图 11 - 3 所示）。

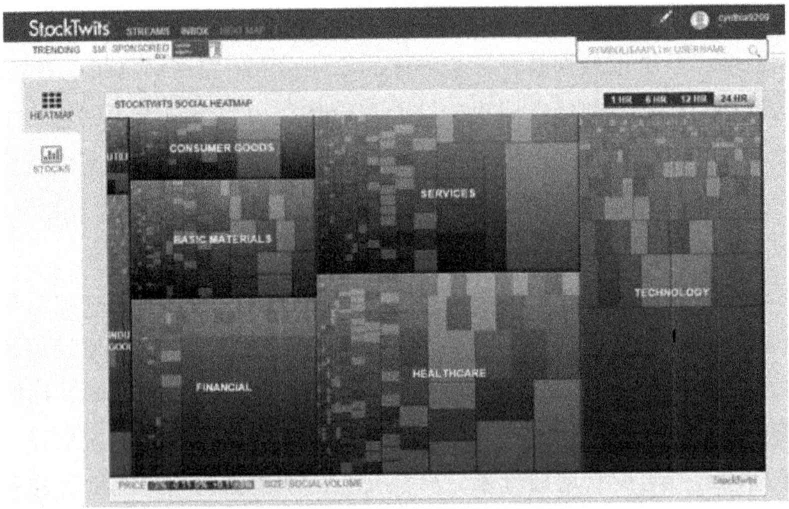

图 11－3　StockTwits 的热点地图

近来，StockTwits 还在探索“社会化发布”（Social Distribution），它的设想是上市公司直接在自己的网站上发布消息，[①] 使其他用户第一时间得知影响交易形势的信息，而不是通过媒体报道才作出投资反应。图 11－4 社会化发布的功能也可以帮助用户发表言论并通过标签化（Hash－tag）创造热门话题，并轻松地将信息发布到 Twitter、Facebook 和 LinkedIn 以及诸如 CNNMoney、路透社和雅虎财经等金融门户网站上，形成对于特定股票议题的“社会化大讨论”。

而 Motif Investing 则被称为“投资界的 Facebook”，是网络券商加个人金融平台的组合体。Motif 的社交网络是类似 Facebook 式的双向网络，用户需要向其他人发送好友申请，这样才能看见朋友对不同股票或投资组合的讨论。与此同时，Motif 也有类似 Google Circle 的圈子概念，受众可以分享自己创建的投资组合到特定的圈子，对信息流动与传播层次加以限制。

除了社交网络的构建，Motif Investing 也致力于提供专业详尽的信息和预

① Readwrite，Reimagining Finance：StockTwits：http：//readwrite. com/2012/06/12/reimagining－finance－stocktwits

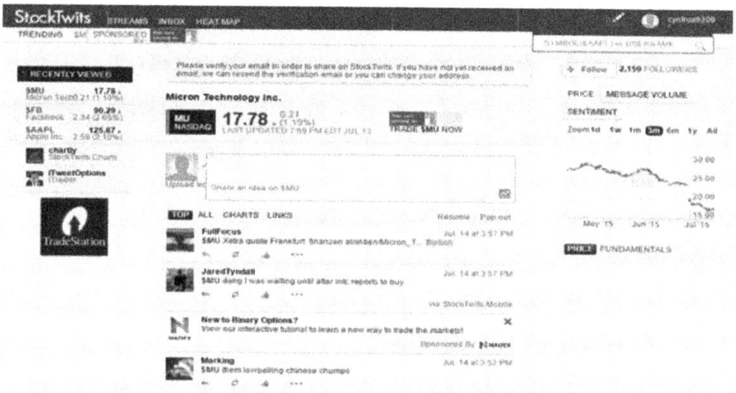

图 11－4 StockTwits 的社会化发布

测。图 11－5 即 Motif Investing 上关于医疗器械行业的网页，内容包括行业介绍、趋势预测、与 Motif Investing 测算指数与标准普尔指数的对比图、行业不同专业化领域所占份额的饼图、业内主要的公司与预测的年收益率等信息，其专业化程度已经可以与专业的投资财经媒体信息相媲美，① 甚至在更新速度、精确程度上略胜一筹，这些数据信息都能够帮助读者进行投资过程的决策。

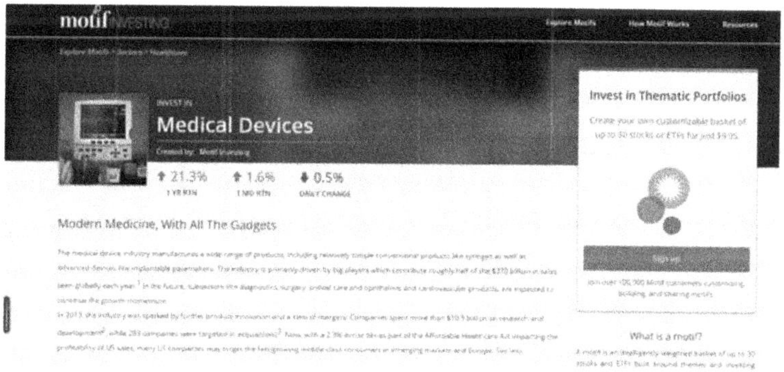

图 11－5 Motif Investing 医疗设备行业介绍页面

① CNBC, Disruptors in 2014: Motif Investing: http: //www. cnbc. com/2014/06/17/disruptors－in－2014－motif－investing. html

目前，这类社交投资平台尚处于聚合形成的初期阶段。与传统金融服务不同的是，他们并不收取加入的会费，也不收取基金管理费，而是给用户在平台上贩卖自己投资决策的权力，并按比例收取一定的提成，因此，其主要的收入来源在于受众，而非广告商。诚然，在金融圈的社交平台有一定的特殊性，也面临着一些需要解决的监管问题；但是这种专业社交财经服务平台面对的是规模越来越大的社交网络在线社群，它们将受众的需求进行专业化细分，利用社交平台的技术性、专业性和互动性优势来提供特色财经服务与金融产品，在未来将有很大的发展潜力。

专业社交财经服务平台和众包公民新闻创新是商业模式在传播渠道和内容生产方面的革新与拓展。社交媒体功能的不断细分形成了专业化的财经信息传播市场，而数字技术也使公民生产新闻和传播信息成为可能，这些都将为财经媒体的商业模式创新探索提供更多的启发与思路。

第十二章　利基市场的商业创新

在财经媒体的新兴商业模式中，利用利基市场的商业机会，提供纵向深入的专业服务也是近年来值得关注的创新实践。本章主要介绍几家以提供数字化利基产品和服务闻名的专业媒体机构，通过案例阐释其深植于利基市场和专业化市场所进行的商业模式创新，为财经媒体的专业化纵深发展提供启示。

一、长尾理论与利基市场

提到传媒利基市场，首先必须了解长尾理论和利基理论的概念。长尾理论中的“长尾”实际上是统计学中幂律（Power Laws）和帕累托分布（Pareto）特征的一个口语化表达，而“长尾”作为经济学概念由《连线》杂志主编克里斯·安德森（Chris Anderson）在 2004 年 10 月的《长尾》一文中提出，用来描述诸如亚马逊和 Netflix 之类网站的商业和经济模式。安德森的主要观点是：只要存储和流通的渠道足够大，需求较低或销量不佳的产品所共同占据的市场份额可以和那些少数热销产品所占据的市场份额相匹敌，甚至可能在总额上实现超越①。长尾理论的核心是聚沙成塔的范围经济，企业在提供大规模个性化、差异化的产品时，也能够创造可观的经济收益。

利基市场的“利基”一词则源于生物学研究，最早被生态学家 Hutchin-

① Anderson C. *The Long Tail: How Endless Choice is Creating Unlimited Demand* [M]. Random House, 2007.

son（1958）引入系统理论研究，描述利基单位之间为了争夺同样的或相似的资源进行的领域竞争或共生①。菲利普·科特勒认为，利基是更窄地确定某些群体，这是一个细化的小市场，并且它的需要没有得到满足，或者说"有获取利益的基础"。因此，一些企业专注于市场中被强势企业忽略的某些细分市场和环节，不与其正面竞争，而是通过专业化经营、见缝插针地占据有利的市场位置，这部分市场被称为利基市场。利基市场切割并注重专业市场，发掘消费者有价值但还未得到充分满足的需求，并且把它做深做透，以较少的资源投入获得较大的利润②。在媒介经营管理领域，利基理论由学者 Dimmick 和 Rothenbuhler（1984）引入，并在后续的研究中指出，利基理论视角下的媒介竞争可以分为满足效用与机会、媒介内容、消费者支出、消费者花费在特定媒体上的时间和广告费用五个维度（Dimmick，1997）。③

利基理论还有另一个核心概念称为利基宽度。利基宽度取决于一个产业在一个稀缺的资源维度所占据的位置。在实证研究中，Dimmick 和 Rothenbuhler（1984）、McDonald 和 Dimmick（2003）创制的标准化测量方法被用于计算不同媒介在广告维度上的利基宽度与媒介内容满足效用和满足机会的连续/离散范围。宽度的测量可以被解释为他们的多元化/专业化程度④。适当的专业化能够大幅提高生产与管理效率，而适当的多元化不仅拓宽了收入渠道，还能够使企业更好地通过变动资源的能力来适应环境变化。

在上述的理论基础上，本章介绍的电子利基产品的商业模式有四个关键词：长尾、利基市场、纵向专业化和收费模式。这种商业模式源于数字化媒体市场中愈发凸显的长尾现象，即市场中产品种类越来越多，销售分布越来越分散。除了普通的免费新闻以外，一些媒体也通过提供在某一特定领域的纵向专业化信息，并对此类信息收费来向特定读者群体收费，实现盈利。以

---

① 阿兰·B. 阿尔瓦兰：《传媒经济与管理学导论》，清华大学出版社 2010 年版。

② Dimmick J, Rothenbuhler E. The theory of the niche: Quantifying competition among media industries [J]. *Journal of Communication*, 1984, 34 (1): 103 -119.

③ Dimmick J. The Theory of the Niche and Spending on Mass media: The Case of the ' Video Revolution' [J]. *Journal of Media Economics*, 1997, 10 (3): 33 -43.

④ McDonald D G, Dimmick J. The conceptualization and measurement of diversity [J]. *Communication Research*, 2003, 30 (1): 60 -79.

下介绍的几个案例中，专业媒体分别在政治经济新闻、个人理财产品和能源投资等利基市场中深入发展，取得专业化和个性化市场的独特优势，获得专门受众群体的关注。

二、Politico：从大众走向精英市场的政经新闻翘楚

Politico是一家针对美国政坛事件进行分析报道的新闻网站，前章对此也有过介绍。Politico由华盛顿邮报的两位资深的政治记者John F. Harris和Jim VandeHei创建。他们将印刷版政治新闻转移到线上，继续拓展其在专业利基市场的优势，也顺应了受众媒介电子化消费的需求趋势。从创立之初只有13记者编辑团队到现在超过300人的新闻、技术、市场的新闻集团，Politico“术业有专攻”的分析报道不亚于纽约时报、华盛顿邮报等老牌大报，创办不久后很快以其对美国政治全面、深度、专业的报道著称，也成为了多数年轻美国网民在想到政治话题时第一个去浏览和关注的媒体。在2015年4月，希拉里宣布参加2016年美国总统竞选时，也特意在Politico上发布了她的官方竞选视频，这也足以证明Politico在政治新闻界的地位，如图12－1所示。

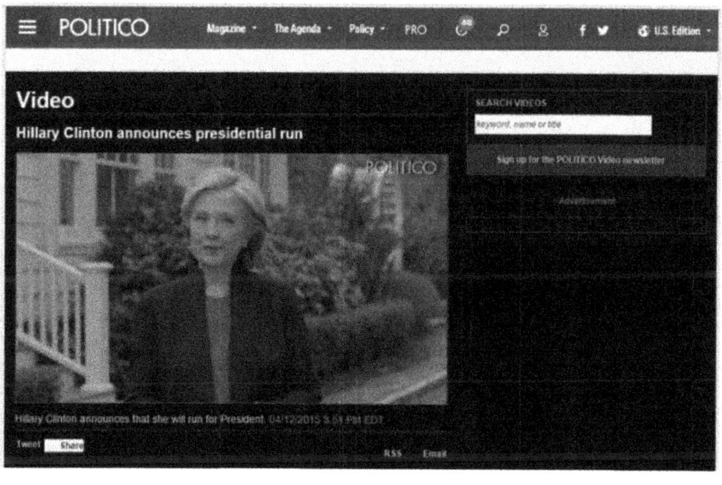

图12－1　希拉里参选官方视频在Politico上发布

在希拉里宣布参选后，Politico设置了两个话题标签：“希拉里·克林顿”与“希拉里·克林顿2016”，读者只要点击这些标签，就能够看到不同记者和专栏作家对希拉里的报道与分析。①

图12-2　Politico上希拉里竞选报道的专题汇总

然而，这些免费的浏览内容在Politico还属于“大众”和“轻松”的一面。在建立品牌、有一定的社会影响力之后，Politico创办了下属的Politico Pro，旨在提供更专业纵深的信息服务，并对读者收取订阅费。与网站内容制作团队有所不同，Politico Pro的团队更加“神秘莫测”，目前包括超过100名的资深政治记者，甚至还有国会议员加入。Politico Pro的专业性体现在由编辑团队精选的每日晨间剪报、个性化定制推送、Politico Pro的深度日历和一些Pro-only的独家深度报道，其涵盖领域涉及了农业、网络安全、国防、教育、电子健康、能源、金融服务、医疗保健、劳动和就业、技术、贸易、运输和税务等诸多方面②。Politico Pro也设置了较高的产品订阅者的门槛，主要

---

① Politico, http://www.politico.com

② Politico, https://www.politicopro.com

面对政府机构、公司企业、政府主导的非营利组织等单位，每年订阅费高达上万美元。制作团队中的高级编辑、《今日美国》（USA Today）前驻白宫记者 Bill Nichols 这样评价创建 Politico Pro 的战略："Politico Pro 致力于触及那些具有影响力的大人物，即那些盘踞在华盛顿和纽约的决策制定者"①。如果说之前从包罗万象的各色新闻到政治内容的专业聚焦体现了 Politico 对利基市场理论的成功应用，Politico Pro 则是其管理层对利基市场竞争战略的深刻洞察与把握。以其"政治专题 + 新媒体渠道"的特色，Politico 先是吸引了大批年轻受众，并渐渐在政治新闻圈内建立品牌影响力，引入更多资深记者、编辑及其所联络和依赖的"内幕"信源，再通过 Politico Pro 从大众市场打入精英市场。因其政治内容与公共事务的特殊性，大众市场和精英市场又是相辅相成的——大众市场保证了媒体的影响力，精英市场保证了媒体触角的深度和可观的经济来源，这也为 Politico 未来的战略发展奠定了良好的基础，如图 12－3 所示。

图 12－3　Politico Pro 专业版

Politico 在内容纵向专业化的成功，也使他们在印刷媒体日益式微的今天

---

① The Guardian, http://www.theguardian.com/media/2011/sep/05/politico－secrets－success

依旧对自己的印刷业务保持乐观，他们一直坚持发行免费报纸，并精选深度内容整理成季刊，出版相应的杂志（如图 12－4 所示）。这样，Politico 不仅能够借由广告商获得一定收入，也能够触及中老年读者群和政界保留着纸质媒体阅读习惯的人们，扩大自身品牌影响力。

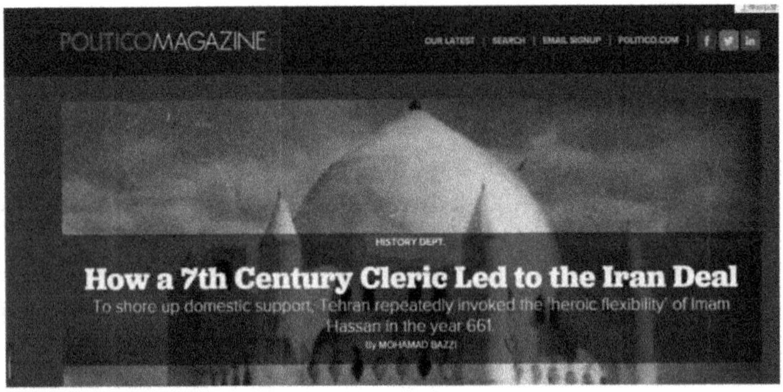

图 12－4　Politico 杂志

此外，如本章前文所述，Politico 举办的主题峰会等活动也为其创造了可观的收益。这也是利基市场、纵向专业化战略成功之后的效应之一。2015 年 4 月欧洲版的 Politico Europe 在比利时首都布鲁塞尔开始运营，以期复制其在美国市场取得的成功。

三、小微之美 Kiplinger：个人理财大众化的长尾市场

Kiplinger 原本是一家位于华盛顿地区的出版商，主要的出版物包括面向企业经理和管理层的商业经济趋势分析预测周刊《Kiplinger 简讯》、月刊《Kiplinger 个人理财杂志》，发行量达到 85 万份。在 2009 年，美国商业编辑和作家协会授予 Kiplinger 年度杂志巨头类的卓越奖。随着互联网的发展和新媒体技术的应用，Kiplinger 在 1996 年创办网站 Kiplinger. com 上，依靠一些简单直观的个人理财建议吸引受众并维持受众群规模。在纸媒日渐式微，周刊《Kiplinger 简讯》、月刊《Kiplinger 个人理财杂志》的销量放缓和利润率下滑

之后，编辑部管理层逐渐把经营业务的重心转移到 Kiplinger. com 来，借助互联网本身低成本、传播快、易分享的优势，逐渐发展“大数量小微客户”的长尾市场。

在专攻财经内容的利基市场中，Kiplinger 也是独树一帜的。与传统的财经新闻的精英主义不同，Kiplinger 的受众定位是广大的美国中产阶级。与之相对应，Kiplinger 在竞争战略层面也特别注重拓展利基市场的宽度，即尽可能地实现特定内容维度上的专业化与多元化。这一战略在内容生产上则体现为，Kiplinger 进一步契合中产阶级的直接需求，主打税务、退休计划、住房贷款、学生贷款和医疗保险等个人理财的内容。简单来说，Kiplinger 是把少数主流财经媒体才有的个人理财版块作为自己的战略根据地，将这个细分市场再不断地细化，以更加精细、专业化的服务吸引受众。因此，Kiplinger 上并没有大篇幅的宏观经济政策走向预测和政策分析，也没有国际市场等复杂高深的经济知识和指点江山的时事评论，而更多的是简单直接的理财建议，例如《明智的年中税务举措》、《买新车之前你需要知道的 7 件事情》、《12 件最应该购入的二手产品》，等等①。

这些最基础的理财建议在 Kiplinger 的网站上向所有浏览者免费提供，而进阶版的建议——年度报告、各版块的专题报告则需要单独收费，如图12 - 5 所示。以《Kiplinger 2015 退休计划为例》，读者只需支付 4. 95 美元就能获得该报告的 PDF 版，而印刷版报告的售价也不过 5. 95 美元。Kiplinger 的系列产品：《Kiplinger 简讯》、《Kiplinger 税务新闻》、《Kiplinger 退休报告》和《Kiplinger 个人理财》也都以合理的价格向读者收取订阅费用，一些产品还通过限时折扣等优惠促销手段来吸引读者购买。

① Kiplinger, http: //www. kiplinger. com

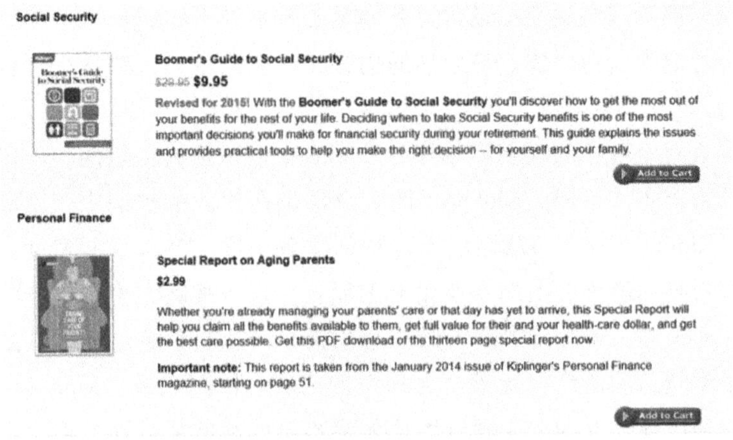

图 12 - 5　Kiplinger 上的收费专题报告

Kiplinger 利基战略的另一个特点在于，"个人理财"市场的利基宽度一方面依赖于美国本身规模庞大的中产阶级生活中各方面的经济规划与投资需求，另一方面也受益于用户个体时间维度层面的人生阶段。也就是说，一旦受众因为某一板块的内容而成为 Kiplinger 用户，也会被其他版块的内容所吸引，留在 Kiplinger 搭建的平台上。试想，一个需要申请助学贷款的大学生成为 Kiplinger 的订阅者，在往后的人生阶段里，他有极大的几率相继被储蓄、房产、汽车、税务、投资等版块的内容吸引，成为 Kiplinger 的忠实读者，如图 12 - 6 所示。

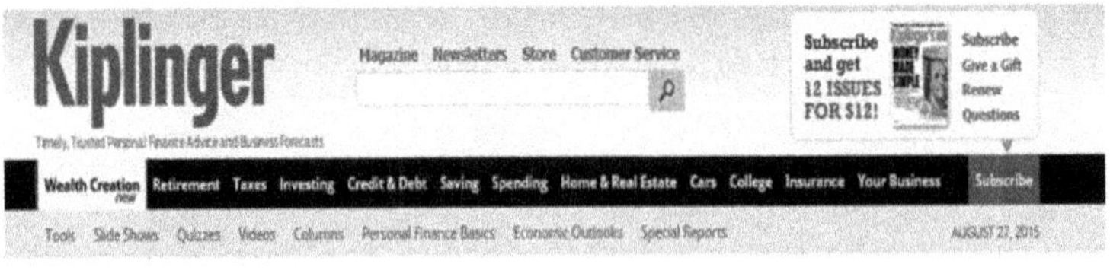

图 12 - 6　Kiplinger 的多元业务拓展了利基宽度

此外，利基市场针对性较强、专业而精深的内容不仅极大地提高了受众的支付意愿，也特别契合了广告商精准投放与锁定目标客户的需求。比如 Kiplinger 上的"退休计划"版块，如图 12 - 7 所示，首先有著名的基金公司领航投资（Vanguard）作为特别赞助商，也能经常见到一些本金金额高、收益稳健的理财计划的广告。除此之外，由于“退休计划”版块上还细分了资产计划、医疗保险、旅行休闲各栏目，也为吸引相关领域的广告商提供了潜在空间。与之类似，Kiplinger 上的学生贷款、储蓄计划、汽车和地产等版块也根据其受众的人口统计学特点，定位潜在的广告投入与赞助合作。

图 12 – 7　“退休计划”版块上的理财产品广告

四、The Bond Buyer：利基战略与数字化尝试

在印刷媒体的鼎盛时期，“规模经济”是所有纸媒管理者最重视的、直接影响媒体盈利的关键词。为了尽可能减少生产成本，扩大发行量，编辑部在内容选择上倾向于广阔的涉猎范围。因此，利基市场的杂志、报纸由于受众规模小，发行量有限，特别还受到地缘区隔的局限，设立分社、驻外发行也会面临巨大的成本消耗，往往在竞争时难以取得成本优势，也很难大幅度地提高盈利水平。而互联网和移动终端技术所开辟的低成本时代则为专注于利基市场的媒体突破了这一瓶颈。事实上，正是由于互联网在时间和空间限制上的超越，这些面向利基市场的媒体不再面临初始生产成本上的挑战和劣势，得以更高频率、更轻易地接触大量的潜在受众。

《债券买家》（The Bond Buyer）是一家专门报道地方政府债券相关新闻

的报纸，已经有上百年的历史，如图 12 - 8 所示。最初，《债券买家》在美国只能算是“小报”（tabloid）的级别，与老牌的传统大报相比，其版面要少近 40%，更接近一些娱乐刊物的规格。而正是这份头版只能刊登 3 至 4 篇报道的报纸，在美国地方政府债券领域却提供了最专业、最全面的报道①。《债券买家》每周一到周五提供美国不同地域的市政债券分析，除了纽约的总部外，还在华盛顿、亚特兰大、佛罗里达、达拉斯、旧金山和芝加哥六个城市设立了分部。

THE BOND BUYER

Vol. 385 No. F342 N.Y., N.Y. THE DAILY NEWSPAPER OF PUBLIC FINANCE Friday, October 25, 2013

FRIDAY
www.bondbuyer.com

WASHINGTON

COMMENTARY

THE REGIONS

WEB EXCLUSIVES

Vallejo Will Go Back To Market

Good Coverage

SEC Probes Funds With P.R. Bonds

THURSDAY'S YIELDS

Fitch Downgraded More Often While S&P Lifted Ratings in 3Q

ONLINE

图 12 - 8 纸质版的《债券买家》报

互联网浪潮之后，《债券买家》在印刷版报纸之外设立了新闻网站，主要公布一些突发新闻、交易日市场动态更新、相关的债权政策文件档案和统计数据，同时为注册用户提供免费的电子邮件更新。互联网的广泛散布与便

① Fiancial Pro, http://www.financialpro.org

捷通讯使得《债券买家》建立了一个庞大的市政债券社会资源网络，据官网的公告显示，《债券买家》触及了超过四万名的地方政府债券专家——包括发行者、有关部门的政府官员、投资者和交易市场的参与者①，这保证了它在债券市场上的发言权和读者心目中的领先地位。

由于利基内容的专业性，受众对产品往往也具有较高的支付意愿。最初，《债券买家》尝试每周五在网站的几个板块提供一些需要付费的深度报道内容，被其订阅者称为“付费星期五”，并在不久后全面建立了付费墙。而随着付费购买 APP 应用的消费行为逐渐被人们所接受，通过移动客户端订阅《债券买家》的读者也日益增多，如图 12－9 所示。

图 12－9　《债券买家》移动客户端订阅宣传

通常，身处利基市场的企业，其竞争优势在于为消费者提供更专业、更细致、更个性化的产品和服务，这样才能保证用户黏性与客户忠诚度，以吸引随之而来的依赖精准广告投放的广告商。《债券买家》网站上的广告绝大部分都与提供投资理财服务的金融机构有关，如图 12－10 所示，网站上出现的广告包括加拿大投资银行 RBC Capital、债券评估机构 KBRA 以及美国银行

① The Bonf Buyer, http：//www.bondbuyer.com

USbank 等相关机构。

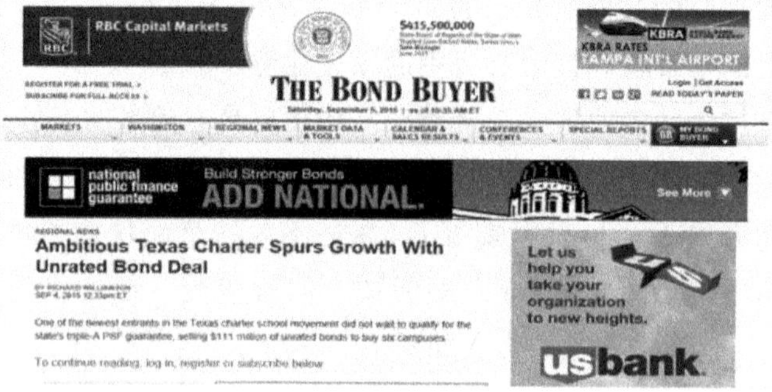

图 12－10　《债券买家》网站上的金融机构广告

五、普氏能源资讯：能源市场上的“路透社”

本章之前几个案例的共同之处在于，媒体利用利基市场的策略试图争取到更多具有高额支付意愿的大众读者，并将其转化成媒体的竞争优势和营收渠道。下文介绍的案例则具备一定的特殊性。它将为读者展示另一种可能性：在与直接商业交易关系密切的专业利基市场上，由于媒体提供的专业化产品和服务具备可观的市场价值，他们具备极大的市场影响力和议价能力，既吸引了资金充裕的订阅者，也显著地提升了市场效率。

西方闻名的 Platts，在中国又被称为普氏能源资讯，最初成立于 1909 年，是美国克利夫兰市一家提供专注于石油市场价格的信息服务商。经过百年来的并购与扩张，普氏能源资讯现隶属于麦格劳·希尔金融集团（McGraw－Hill Financial, Inc）旗下，已经成为国际市场上首屈一指的能源、农业、石化和金属信息提供商，同时也提供这些市场的首要基准价格并分析数据来源①。普氏能源资讯被业界视为“能源界的路透社”，即时发布资讯和专业深入的评论与预测，为订阅者打破信息失衡，助力于市场参与者的经营和投资

① Oil Price Reporting Agencies by IEA, IEF, OPEC and IOSCO to G20 Finance Ministers, 2011, http: //www.iosco.org/library/pubdocs/pdf/IOSCOPD364.pdf

决策，同时也增强了市场运行的透明度和高效性，如图 12－11 所示。

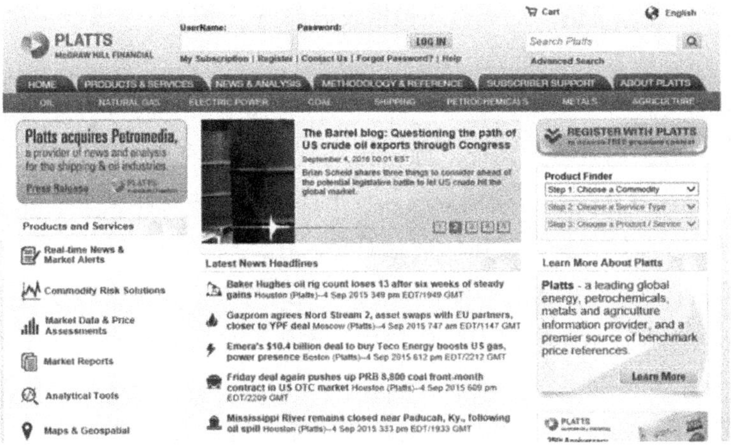

图 12－11　Platts（普氏能源资讯）

《普氏能源资讯》发布各种新闻、评论、基础市场数据和分析，以及在现货和期货市场被广泛用作基准的数千个每日价格评估。他们的信息产品和服务包括：实时新闻与价格信息、市场报告与分析、收盘市场数据、地理空间数据与地图、行业会议、播客音频（Podcast）和一档每周播出的电视节目。除此之外，《普氏能源资讯》还通过旗下两个著名品牌业务部门为客户提供服务：一个是被称为“价格信息专家”的钢铁指数公司（TSI），该公司通过采集业界参与者的交易数据编辑指数；另一个则是在市场上有“天然气基础市场数据分析专家”之称的本特克能源（Bentek Energy）。作为信息供应商，《普氏能源资讯》的记者网络和新闻资源遍布全球，除了伦敦的总部，普氏在 15 个国际大都市设有办事处，包括纽约、上海和圣保罗等全球商业中心，以及休斯顿、新加坡和伦敦等主要能源中心。①

根据《普氏能源资讯》官网提供的数据，目前他们拥有的客户包括 180 多个国家的超过 1 万家公共和私营的贸易商、分析师、风险管理经理、采购

① 普氏能源资讯，http：//www. platts. com

代理商及其他参与能源贸易的工作人员。这些机构包括勘探公司、矿山、炼油厂及终端用户，如公用事业公司、航空公司、钢铁企业和汽车制造厂。[①] 此外，《普氏能源资讯》的客户还包括政府部门、金融机构以及法律、工程、咨询和资产管理等领域的专业服务机构。

然而，与其他媒体不同的是，普氏与直接商业交易的密切关系使得他们在市场内具有更加强势的地位。除了诸如《国际煤炭展望》、《国际煤炭报告》和《煤炭贸易商》寻常的周刊和日报，真正为普氏能源资讯带来可观收益的还是以互联网传播为载体的信息服务。在互联网服务端，一部分信息报告可以直接在 Platts 官网上下载 csv 或 pdf 格式的电子版，一部分更复杂、更专业的报告则需要收取相对高昂的费用，比如钢铁指数的报告按各类型标价从 1000 美元至 3125 美元不等，如图 12－12 所示；另外，还有一些面向公司客户的信息服务不能直接购买，也没有公开标价，需要联系《普氏能源资讯》的销售人员才能获悉细节。

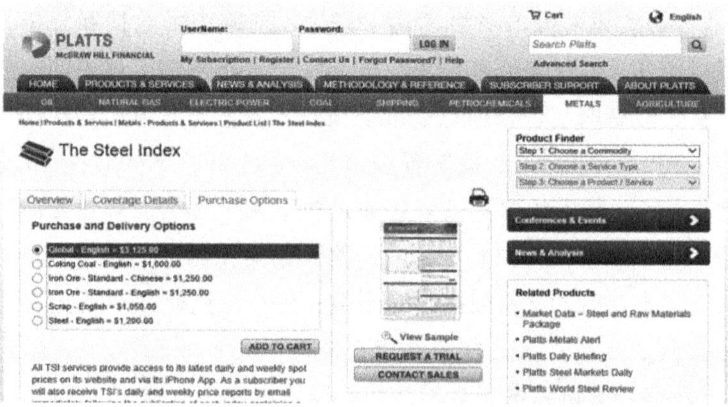

图 12－12　价格不菲的钢铁指数报告

数十年来，《普氏能源资讯》不断地在能源经济这一专业利基市场上扩张，他们的业务触角已从最初的石油行业逐渐延伸扩展至石化、金属及其他

① 普氏能源资讯，http：//www. platts. cn

能源相关市场（如电力、煤炭、核能、天然气、生物燃料等等）。为了保持全球能源信息提供商的领先地位，Platts 在近年内先后收购了行业内的翘楚 Kingsman 糖业公司和钢铁商业剪报集团（Steel Business Briefing Group），巩固了自身在糖业和钢铁信息领域的资源网络和市场影响力。

同时，受益于专业利基市场的行业限制和专业化纵深，《普氏能源资讯》也是活动经济商业模式的实践者之一。公司通过组织论坛、培训和一对一的会议创造了更多与客户、市场参与者、行业机构和监管机构的沟通交流和关系维护的机会。2015 年，《普氏能源资讯》举办了高层次的行业活动来发布“全球能源企业 250 强”以及“全球金属奖”和“普氏全球能源奖”——被西方媒体戏称为“能源界的奥斯卡颁奖典礼”。

从管理战略的实践角度来看，利基市场定位是被广泛应用的战略手段之一，在制造业和服务业中，通过抓住利基市场达到成功的案例不胜枚举。近年来，利基市场理论也被更多地应用在传媒领域中，其对于分析财经媒体发展也有非常重要的意义。首先，财经媒体本身就属于按内容领域划分的细分市场，特别是财经新闻具备较高的专业门槛和投资回报，受众对于财经信息的支付意愿要远高于其他内容；其次，专攻利基市场的媒体依靠自身专业化细分和定位的优势，也逐渐成为了希望实现精准投放的广告商的首选；最后，低成本的数字化技术传播渠道打破了原有利基市场的时间和地缘区隔，使许多媒体脱离了利基市场难以实现规模经济最优化的困局。因此，我们有理由相信，在数字化浪潮的驱动下，将会有更多原本并不具有知名度的利基媒体逐渐展露头角，创造更多的经济收益和社会价值。

第六部分

财经媒体未来发展

第十三章　拥抱未来发展

数字技术的发展和传媒环境的变迁深刻地影响着新闻内容生产和财经信息的传播。在此背景下，财经媒体进行了一系列的内容改革、管理转型、组织变革和商业模式创新。

本书从国际传媒产业发展出发，聚焦国际财经媒体专业化趋势，对综合性媒体的财经部门、专业性财经媒体、财经信息服务集团和细分行业的财经新媒体等各种类型的组织进行了梳理和评述。书中重点对财经媒体的内容报道创新、组织转型与新兴商业模式进行了探讨，以国际财经媒体的经验与案例为财经媒体在数字化时代的发展提供借鉴。

一、国际财经媒体转型发展中的探索

在国际财经媒体的发展转型中，内容报道创新是探索的重要部分，而在这其中，数据驱动的财经新闻报道是国际新闻报道中的新趋势。在新闻生产中，广泛收集信息数据并进行深度挖掘与分析，然后进行信息过滤与处理，寻找特定内容，以可视化的方式进行呈现，并融合制作，产生在不同的媒介平台上传播的新闻产品的过程被称为数据驱动的财经新闻报道。这种以数字和数据技术为基础的新闻生产方式正在引导财经新闻报道的新方向。本书呈现了国际财经媒体中数据驱动报道的典型案例，同时也分别介绍了沉浸式多媒体融合报道、图像视频融合报道，以及利用数据优势，充分展开链接和信息延伸的深度报道与多元分析。这些新趋势和典型案例都将为国内财经媒体的发展提供借鉴与启示。

财经媒体的管理转型与组织变革是本书介绍的另一重点。在传媒产业生态和业态不断变化的背景下，国际财经媒体进行了一系列的改革与转型探索。传统媒体机构积极探索新的组织方式，以价值链整合为基础，采取了包括联盟、兼并和收购等战略重组策略，寻求传统媒体发展困境中的突破。这其中有网络电商亚马逊对华盛顿邮报的收购、阿里巴巴对南华早报的收购，也有财经媒体之间的兼并收购联盟，比如，日经兼并收购金融时报等。这些战略重组使传统媒体在信息报道、内容生产和专业人才方面的资源优势得以保留和拓展，也使新兴企业借助传统媒体的品牌实力与资源优势更快捷地建立更强大的信息服务网络。

在传统媒体不断转型和探索的同时，国际财经新闻领域也见证了很多网络新媒体的成长与发展，这些新兴组织以突破式创新的方式，打破了原有的组织边界、更新了内容生产方式和传播路径，成为财经领域越来越受瞩目的佼佼者。这其中，新闻聚合平台 Buzzfeed 以“病毒式传播”、“大种子营销”和“鲱鱼策略”颠覆了传统的内容生产和传播方式，其财经专业频道 Buzzfeed Business 成为受年轻受众欢迎的财经新闻内容聚合平台；而 Business insider 以网络多重阅读方式组合和内容视频流等创新方式，以及专业有深度的财经专题报告吸引了受众，其原创内容成为近年来国内外媒体频繁转载使用的可信赖专业信源。

商业模式的创新也是国外财经媒体发展中所探讨的重点。广告和订阅收费是传统媒体的主要的商业收入来源。大量在线免费内容的冲击使受众订阅付费的习惯受到了很大影响，仍然保持订阅付费习惯的人群主要集中在中老年受众和专业受众群体之中，而新媒体平台和其他新兴广告渠道也转移了大量的广告资源，传统媒体的广告营收不断下滑，开拓新的营收来源，探索新的商业模式成为媒体转型发展的核心任务。活动经济的商业模式在此背景下成为媒体所积极探讨和采纳的创新模式。这种新模式将媒体的内容资源、广告资源、专业人力资源、人际网络资源和品牌资源等有效地整合起来，通过组织活动，开展培训和承办会议等方式，创造直接的经济效益和间接的社会价值。尤其对于专业财经媒体来说，活动经济的商业模式有利于其利用财经领域的专业优势，为市场提供高端、深入和有价值的信息。近年来，一大批的国内外财经媒体，包括《经济学人》、《金融时报》、《华尔街日报》等都积极探讨会议经济的商业模式，取得了很大成功，为组织发展带来了新的营收来源。

传媒技术和受众习惯的变化也催生了新的新闻内容生产方式，众包与公民新闻的组织生产模式使新闻生产从过去由员工执行改变至以自由自愿的形式外包给大众网络，形成了开放、共享、民主和自发的新生产方式，极大地丰富了信息创作来源，增加了互动性，也提升了用户信息消费的主动性和积极性。《赫芬顿邮报》正是这样一个以众筹新闻生产方式而闻名的新兴媒体。同时，随着社交媒体的发展，专业财经性质的社交平台也开始出现，其中，StockTwits 被誉为“金融圈的 Twitter”，而 Motify Investing 被称为“投资界的 Facebook”，这类财经社交平台满足了特定社群，尤其是年轻群体的专业社交信息诉求，成为另一种创新的财经媒体组织模式。

由于网络经济具有“长尾效应”，为利基市场的传媒产品提供了空间，因此，在财经领域，面向利基市场的专业纵深型服务得以不断拓展。Politico 是专门提供政经类新闻的专业网站，Kiplinger 专注于个人理财服务，The Bond Buyer 专门报道债券相关新闻，《普氏能源》集中发布能源类资讯，诸如此类的专业利基市场服务借助互联网得以进一步延伸。数字化平台使这些利基市场的财经媒体能够针对受众的个性化需求，不断开发新的细分产品，并以更快捷的方式传达给更多受众，成为数字时代财经专业媒体的又一创新探索。

二、媒体纵向专业化发展机遇

技术的发展与媒介环境的变化也为财经传媒的进一步发展提供了很多值得发掘的机会，未来财经媒体拓展的机遇包括纵向专业化、财经数据服务以及创业模式创新等等。在媒介信息提供方面，还有很多领域具有较高关注度和较大专业信息需求，比如：能源、环境、亚太经济、美亚经济、中国经济发展，尤其是技术能源发展，以及与中国经济相关的数据分析与可视化等。

能源领域。能源提供了构建经济社会发展的基础，有关能源储备、生产方式和输出贸易方面的信息是经济信息所关注的重要内容。未来对能源领域的纵向专业化信息需求会越来越大，这将会成为财经媒体信息内容生产和服务的着力点。

环境领域。清洁能源与环境保护是经济发展的同时所讨论的核心议题。未来对于环境保护和生态发展方面的纵向专业信息也会产生极大的需求。

亚太经济领域。亚太经济在近几年发展处于持续上行期，其中主要经济体得益于经济结构改革的支持，并借助油价下跌，运用资源进行了包容性和可持续性的发展，增长前景乐观。对于亚太经济的纵向专业分析与报道将是未来的经济报道亮点之一。

美亚经济关系领域。美亚经济关系影响世界经济总体发展。对美亚经济、政治、社会和文化等领域合作的关注、报道与深入分析，将成为未来经济资讯与财经报道中的重要内容。

中国经济发展，尤其是技术和能源领域发展。中国经济的发展吸引了全球关注。中国整体经济的成长规模已超越日本跃居全球第二，在新经济形势下，“新常态”过程中的经济结构优化、发展速度调整和改革动力激励也是未来经济报道中的重点方向。

与中国经济相关的数据分析与可视化领域。随着中国经济的发展，与中国经济相关的深度数据分析，以及多媒体可视化与互动式呈现也是财经经济信息服务提供中的主要内容，值得深入挖掘其市场潜力，提供纵向专业化服务。

三、深入挖掘财经数据服务市场机遇

在财经数据的提供上，目前在世界范围内仍然存在极大的不平衡性。彭博社与路透社等大型财经数据服务提供商在发达地区，如欧美市场中的数据服务有绝对的领先地位，然而在亚非等新兴经济体，数据服务还有很大的提升空间。

近年来，彭博与路透新闻社加快了新兴市场拓展和扩张的步伐，彭博社中国区还针对亚洲市场增加了专门的中文服务。同时，新兴市场本身，比如，中国、印度等也纷纷出现了当地的财经数据服务提供机构。然而，我们也可以看到，在财经数据服务方面、在数据专业化和纵深化方面，还有很多地方需要进一步提升。因此，抓住财经数据服务市场中的机遇，提供专业化的财经资讯产品，建构财经数据储存、挖掘与分析服务提供的专业机构，是未来发展中需要抓住的另一市场机遇。

四、进一步开拓活动经济、利基市场、社交和众包等创新商业模式

在未来的发展中，专业媒体尤其是财经媒体还需要充分挖掘市场资源，创新商业模式，活动经济的商业模式将为媒体未来发展提供新的盈利途径。

财经媒体机构汇聚了商业领袖、政府官员与市场组织的重要信息，财经组织本身拥有资深记者、编辑与分析人才的独特的网络、社会与人才资源。举办商业与其他社会活动的经济模式可以使媒体组织充分利用其资源，提供信息、技术与技能交流与共享的机会，实现资源汇聚中新闻、传播、商业与公关几方共赢的局面。本书介绍了国际媒体采用活动经济商业模式的成功案例。在活动经济模式中，传媒组织成为商业网络或社区的构建者和协调者，实现了传统的“第四阶层”角色的传承，成为未来传媒转型商业模式探索中的一种有效组织形态。这种商业模式还需要在财经媒体未来的发展中更加有效地利用和更加充分地拓展。

同时，利基市场和社交平台的商业机遇也为财经媒体的进一步发展提供了思路。捕捉利基市场中对专业性财经新闻信息的需求，并利用网络平台组织生产与信息传播；利用社交平台的集聚效应，推出移动社交端的专业化财经新闻与信息产品，这些都是有待进一步开发的未来商机。

另外，密切关注新闻生产的新趋势，了解众包、众筹和公民新闻等生产方式的发展，应用广泛存在的受众资源、市场资源和网络资源来丰富新闻生产的素材，深化专业议题的讨论，推进媒介组织的变革，这些也是财经媒体未来发展中的战略重点。

五、把握未来发展方向

在未来探索财经传媒转型的探索中，还有以下几点尤其值得关注：

1. 跟随快速发展的UGC趋势

从内容生产的角度来看，跟随快速变化的UGC（用户内容自制模式），在传媒内容的生产过程中，充分重视受众对内容生产的互动需求，是未来传媒内容生产需要关注的重要趋势。新媒体技术使用户参与自制得以实现，并且可以通过新的传播方式进行传播，如何跟发掘市场UGC模式的优势，是未来财经媒体发展中需要追随的重要方向。

2. 满足用户的个性化需求

从市场需求的角度来看，用户对传媒内容产品的个性化需求不断增强，而网络技术以及移动传播技术也使个性化内容的传播得以实现，因此，未来传媒的竞争是个性化内容生产与传播方式创新的竞争。充分理解和挖掘用户的个性化需求，组织个性化财经内容的生产与传播是财经传媒面临的又一挑战。

3. 将注意力放在下一代终端

从技术更新的角度来看，新一代移动终端更新替代的速度不断加快，物联网技术、可穿戴技术和新兴的数据集成终端等已经进入市场，正成为新一代使用传媒信息产品的重要平台。密切关注技术的发展，将注意力放在下一代终端，探索移动互联网时代、物联网时代和未来数据集成终端中的财经传媒信息需求和服务产品模式，将是未来财经传媒管理中需要关注的重要内容。

4. 创新更多元的货币化方式

从商业运营的角度来看，在内容、市场和技术等方面的探索与创新，其最终目标是要为企业组织实现盈利与价值创造。在传媒组织运营的过程中，盈利货币化是重点，也是难点。如何有效创新，寻找更加多元的服务产品货币化方式，为传媒组织提供可持续发展的资金资源，是未来发展中所需要思考的核心问题。在互联网金融时代，理解客户需求，提供个性化产品，真正实现盈利，才是发展的硬道理。

本书对财经媒体在新闻内容报道中的新趋势进行了介绍，也分析阐释了国际财经媒体在运营与管理中的变革与转型。变化，是当今技术发展和传媒生态变迁的背景下的核心词，而创新是新媒体时代可持续发展的主旋律。希望本书所提供的国际传媒案例与分析能够帮助传媒组织，尤其是财经类媒体，在一个加速变化的时代，更好地了解前沿动态、抓住市场机遇，不断地传承与创新。期待财经媒体在一个充满机遇的时代，更具信心地拥抱未来发展。